Mylène Farmer

Au cœur du mythe

DU MÊME AUTEUR

HISTOIRE

« La religion romaine au Ier siècle après Jésus-Christ » in *Les religions de la Bible*, tome V, Naissance du christianisme, ouvrage collectif, Dargaud, 1985.

Georges Duby raconte Guillaume le Maréchal, scénario et dessins de Jean-Marie Ruffieux, textes de Jean-Claude Perrier, Dargaud, 1987.

L'Amphore, Casterman/Histoire, 1991.

ESSAIS

Petite mythologie du havane dans un monde trop fade, Balland, 1992.

Le roman vrai de Libération, biographie, Julliard, 1994.

Cigare, le guide, Hermé, 1997.

Le rap français, anthologie, La Table ronde (« La Petite Vermillon »), 2000.

De Gaulle vu par les écrivains, anthologie, La Table ronde (« La Petite Vermillon »), 2000.

Nouvelle vague, La jeune chanson française depuis 1981, anthologie, La Table ronde (« La Petite Vermillon »), 2002.

Le Ramier d'André Gide, édition et préface de Jean-Claude Perrier, Gallimard, 2002.

ROMANS

Le Fou de dieu, Héliogabale, Olivier Orban, 1988.

L'Homme sans voix, Stock, 1989.

Le Dernier des Césars, J.-C. Lattès, 1999.

Jean-Claude Perrier

MYLÈNE FARMER

Au cœur du mythe

BARTILLAT
21, rue Servandoni, 75006 Paris

« Si un jour on m'oublie,
je crois que je disparaîtrai. »

Mylène Farmer

Pour Guillaume,

« sans

contrefaçon »...

INTRODUCTION

Paris, novembre, extérieur nuit, ou plutôt chien et loup. Petite bruine sur les pavés, glissement des voitures et des autobus sur l'asphalte. Une avenue du XVIe arrondissement, forcément chic, mais sans ostentation, près de la place d'Iéna. Un immeuble bourgeois en pierre de taille, austère, balcons en fer forgé aux étages nobles. Des bureaux, et quelques fenêtres allumées. C'est là qu'elle vit, nous ont dit les fans qui nous y ont amené, lorsqu'elle séjourne à Paris, quand elle n'est pas à New York ou à Los Angeles. Sur le trottoir d'en face, un peu en décalage, un banc banal. Aucun tag ni graffiti, pas comme rue de Verneuil chez Gainsbourg, aucun message d'admirateur ni bouquet de fleurs devant sa porte. Il est vrai qu'elle n'est pas morte. Quelquefois, le mercredi ou le week-end, quelques jeunes gens viennent passer l'après-midi là, dans le seul espoir, un jour, de l'apercevoir furtivement. Mais avec un infini respect. Pas question, même si elle sortait, de l'accoster, de lui parler, ni de lui demander un autographe. Avec elle, ce ne sont pas des choses qui se font. Depuis ses débuts, elle s'est voulue inaccessible. Alors, son adresse circule de bouche de fan à oreille de fan. Son supposé paillasson a même été quelque temps en vente sur Internet !

L'immeuble est libre d'accès. Pas de code, de caméra ni de cerbère. Un escalier victorien avec tapis de velours rouge qui étouffe les pas. Une porte anonyme, sans doute blindée, avec une serrure compliquée. C'est tout. C'est là qu'elle vit, en recluse dit-on, lorsqu'elle se trouve à Paris. On ne l'imagine guère allant acheter ses cigarettes au tabac d'en face, aller prendre de l'argent au distributeur un peu plus bas, ni faire ses courses chez l'épicier du coin. Une superstar comme elle ne saurait avoir une vie ordinaire, une apparence commune, ni les préoccupations du commun des mortels.

Cela fait bientôt vingt ans qu'elle a débarqué dans nos oreilles, et qu'elle s'est construit (ou qu'elle a laissé se construire ?) son mythe. Un rapport complexe et paradoxal aux autres et au monde. Un univers presque plus virtuel que réel, désincarné, qui passe seulement par le son et l'image. Et parfois, rarement, la scène : des grands-messes qui entretiennent le culte, ravivent la passion, réchauffent pour quelques années le cœur des fans. Mylène Farmer est unique dans la chanson française.

L'auteur de ces pages n'est pas, confessons-le d'emblée, un gentleman-Farmer. Plus l'âge d'être fan ou groupie. Et, même bien plus jeune, mes admirations allaient à bien d'autres chanteurs, chanteuses ou groupes, français ou anglo-saxons. *Maman a tort* m'avait échappé. *Libertine* ne m'a pas fait craquer, ni *Tristana*. Comme tout le monde ou presque, je connais *Sans contrefaçon* ou *Pourvu qu'elles soient douces*. Bien mieux en revanche *Anamorphosée*, l'album californien, mon préféré, celui de sa maturité, d'un certain apaisement. Moins riche en ritournelles faciles, plus profond sans doute. Et puis, parce que c'est à la fois mon métier et mon plaisir, j'ai vu Mylène sur scène : pas en 1989, mais en 1996 et 2000, à Bercy. Grosse impression, sans plus.

Il y a des dizaines d'artistes auxquels va ma préférence. Un jeune chanteur débutant dans une salle confidentielle devant quelques poignées d'amateurs me touche plus qu'une énorme machine à l'américaine. Quelques maladresses m'émeuvent plus qu'un show réglé au micro-poil près. Il est vrai que j'en ai beaucoup vu, des stars énormes et des méga-concerts. Mylène n'est pas la femme de ma vie, et c'est tant mieux. Je pense que, pour écrire sur un(e) artiste, il faut éprouver pour lui (elle) une sympathie certaine, du respect, voire de l'admiration pour son talent, mais pas plus. Sinon, on risque, ce qui a été souvent le cas, avec celle qui nous occupe ou d'autres, de tomber dans l'hagiographie, le livre de fan.

Ceci n'est donc pas, lecteur, un livre de fan. Mais un livre pour les fans, et les autres. Car Mylène Farmer est fascinante à plus d'un titre, et méritait que l'on tente de la suivre dans son parcours, d'écouter ses mots et ses (rares) confessions. De décrypter toutes les allusions qu'elle glisse dans ses textes comme dans ses clips, des mini-films en fait, genre qu'elle a, grâce à son alter ego Laurent Boutonnat, complètement renouvelé. Avec le tandem Farmer/Boutonnat, le scopitone est devenu une œuvre d'art à part entière, servant une chanson, greffé sur elle, mais qui développe son propre univers. De s'intéresser aussi à ses admirateurs, ces fans à nuls autres pareils. Nous en avons rencontrés plusieurs qui, durant des heures, patiemment, nous ont enseigné leur idole, ont tenté de nous faire partager leur vénération sans faille. Nous avons exploré aussi la galaxie Mylène, fans-clubs et leurs magazines, magasin spécialisé, sites Internet... toutes entreprises qu'elle laisse exister librement, mais à qui elle n'apporte aucune aide, ni n'accorde le moindre signe d'encouragement : pas de concours, de photos dédicacées, de cadeaux, de privilèges.

À star d'exception, public unique. Relation passionnelle, névrotique bien sûr, masochiste aussi : Mylène Farmer, en dehors de ses chansons et de leurs produits plus ou moins dérivés (disques, collectors, clips, concerts, objets de merchandising, le tout minutieusement contrôlé par la star et ses proches) ne donne rien à ses fans. Au risque d'en dissuader certains (quelques fans-clubs, découragés, ont mis récemment la clef sous l'ordinateur), mais avec pour effet de renforcer chez tous les autres la passion, voire le culte. *« Et le désir s'accroît quand l'effet se recule »,* disait, déjà, un certain Corneille. Et Mylène : *« Le mystère fait partie intégrante de ma personnalité. (...) Même pour mes intimes, je reste énigmatique. »*

Mystérieuse, secrète, énigmatique, paranoïaque, mais aussi impudique, ambiguë, exhibitionniste, morbide, perverse... et l'on en passe. Tous ces qualificatifs lui ont été appliqués, à juste titre sans doute. Mylène est peut-être tout cela, et bien d'autres choses aussi. Exceptionnelle, en tout cas, unique on l'a dit. Assez pour que nous nous lancions ensemble dans un voyage *au cœur du mythe*, en abandonnant, non pas toute espérance, mais tous repères rationnels. Car chez Mylène Farmer encore plus que chez tout autre artiste, tout n'est qu'illusion, mise en scène, métamorphoses... Spectacle. Même si la vraie vie, parfois, est en cause. Mylène ne triche pas, mais elle joue. Entrons dans son jeu.

1

ESSAI DE BIOGRAPHIE

Elle n'a cessé de marteler, lorsqu'elle accordait des interviews, jusqu'en 1994, et dans les rares qu'elle donne encore aujourd'hui, que sa vie n'avait pas d'intérêt, que dans *« vie privée, il y a privé. Le mot est suffisamment éloquent. Je n'admets pas cette forme d'intrusion »* (*Paris Match*, 6 décembre 2001). Sur sa jeunesse, elle dit : *« Je n'ai aucun souvenir de mon enfance, et mon adolescence est en train de s'effacer » (ibidem)*. Ce qui ne l'empêche pas de rétablir parfois sa vérité, par rapport à ce qu'on peut lire ici ou là : par exemple, elle dément que son vrai prénom soit Marie-Hélène, ou être mère d'un enfant... Voici, quand même, sa vie reconstituée, laquelle se confond presque totalement, à partir de 1983, avec sa carrière.

Mylène Gauthier est née à Pierrefonds, au Québec, une petite ville située à une trentaine de kilomètres de Montréal, le 12 septembre 1961, à 5 h 17 du matin, dans une famille française. Son père, Max, est ingénieur des Ponts et Chaussées. Il est venu au Canada afin de construire un barrage sur la rivière Manicuagan, dans la région du Lac Salé. Il est mort quelques années après les débuts de sa fille dans la chanson. Mylène lui dédiera, en 1987, son clip *Tristana*. Sa mère, Marguerite, s'occupe de ses enfants : Brigitte (née en 1959), Jean-Loup, né en 1960, qui mourra dans un accident de voiture en 1996, laissant une femme et une petite fille de trois ans. Mylène lui dédiera sa chanson *Rêver*, lors de ses concerts à Bercy en 1997, et lui dédicacera son titre *Pas le temps de vivre* lors des concerts du Mylenium Tour en 2000. Son second frère, Michel, naîtra en 1969. Mylène semble avoir été une enfant sans histoires particulières, manifestant toute jeune sa passion pour les animaux : un écureuil roux, une grenouille...

En 1970, la famille Gauthier regagne la France, et s'installe à Ville-d'Avray, banlieue chic près de Versailles. *« Ce fut une véritable cassure, un choc violent et indélébile »*, confiera-t-elle plus tard à Philippe Séguy (*Ainsi soit-elle*, 1991). Le Canada restera présent dans ses souvenirs, son imaginaire puis sa mythologie, ses clips et le film *Giorgino* : Mylène est une fille du Nord, de l'hiver, du froid et de la neige. Son univers est tout sauf solaire, ce qu'elle reconnaîtra lorsqu'elle partira s'installer en 1994-1995 en Californie : *« Île déserte et cocotiers ne me conviennent guère. »* Vers l'âge de dix ans, elle semble avoir des difficultés de communication avec les autres, éprouver une sourde révolte contre sa famille. Elle commence à chanter, collectionne les soldats de plomb, visite chaque dimanche les enfants handicapés de l'hôpital de Garches.

Elle poursuit malgré tout une scolarité sans problème, jusqu'à l'année du bac. Mais les études ne l'intéressent guère. Elle préfère l'équitation. Inscrite au club de Porchefontaine, à Versailles, elle monte régulièrement, et envisage de devenir cavalière professionnelle, ou vétérinaire. Elle a effectué un stage au Cadre noir de Saumur. « *À cheval,* dit-elle, *c'est une domination que l'on exerce ; on se sent puissant, c'est bien sûr un leurre.* » Toujours est-il qu'après deux jours de classe seulement, en Terminale, elle est *« congédiée »* de son lycée, et se lance dans le théâtre, elle qui, si on l'en croit, détestait son physique. Elle s'inscrit au Cours Florent, où elle suit les cours de Daniel Mesguich durant quelques mois. La fantaisiste Anne Roumanoff, qui fréquenta la même classe, se souvient de *« sa présence discrète, dans son coin. C'était quelqu'un de bizarre, timide, introverti »*. Fascinée par le cinéma, indépendante (« *J'étais seule face à la vie, mais je n'ai jamais demandé d'argent à ma famille* », dit-elle), elle court les castings de publicité, tout en poursuivant ses cours d'art dramatique. Une période d'incertitude et de vache maigre, qui va durer trois ans, de dix-huit à vingt et un ans. On la voit dans des spots pour Ikea ou Le Chat machine...

En 1983, elle fait la connaissance de Jérôme Dahan, auteur-compositeur. Avec son copain Laurent Boutonnat (né le 14 juin 1961), compositeur surdoué et passionné de cinéma, déjà auteur d'un premier film, *La Ballade de la féconductrice*, ils ont écrit quelques chansons, dont l'une, *Maman a tort*, pour laquelle ils recherchent une interprète. La chanson, qui raconte une bizarre histoire d'amour entre une enfant malade à l'hôpital psychiatrique et son infirmière, devrait être normalement interprétée par une toute jeune fille. Mais Mylène, qui a vingt-deux ans, fait l'affaire, grâce à sa voix cristalline et à son apparence physique très juvénile, et remporte le casting. Elle se choisit le pseudonyme de Farmer, du nom de Frances Farmer, une actrice oubliée de Hollywood, célèbre dans les années d'avant-guerre, qui fut internée dans un asile psychiatrique à la demande de sa famille...

Une maquette est enregistrée, présentée à différentes maisons de disques, qui toutes la refusent.

Finalement, le 45-tours *Maman a tort* sort en 1984 en licence chez RCA, et se vend à 100 000 exemplaires, ce qui n'est ni nul ni phénoménal (à l'époque, Jeanne Mas triomphe avec les 900 000 exemplaires de *Toute première fois*, et sa réussite fascine Mylène). Un clip est réalisé par Boutonnat, avec un petit budget, ainsi qu'une version anglaise, *My Mum Is Wrong*, qui ne passionne pas les foules anglo-saxonnes. Le tandem Dahan-Boutonnat récidive, et, après plusieurs projets avortés, Mylène Farmer sort en février 1985 son deuxième 45-tours, *On est tous des imbéciles*, qui est un échec (40 000 exemplaires vendus). Le « système Farmer » se met alors en place et en tire les leçons : Laurent Boutonnat se sépare de Jérôme Dahan et composera désormais les musiques des chansons de Mylène, dont celle-ci écrira elle-même tous les textes (sauf *Libertine*, texte de Boutonnat). Bertrand Le Page, un personnage excentrique, devient le manager de Mylène (il le restera jusqu'en 1989, et mourra en 1995 [1]). En attendant la suite, Mylène s'offre son premier singe capucin, E.T., acheté quai de la Mégisserie. Un second, Léon, le rejoindra.

1. Ou en 1999, selon les sources.

Le trio quitte RCA et rencontre le tout nouveau P-DG de Polydor, Alain Lévy, qui croit au talent de Mylène Farmer et la signe sur son label (elle est toujours chez Polydor). En septembre 1985, donc, sort *Plus grandir*, avec un texte assez dérangeant sur l'enfance et ses troubles, servi par le premier vrai clip de Boutonnat, sa première super-production, qui dure 8 minutes, et sera censuré (déjà !) sur certaines chaînes. Le single se vend à 100 000 exemplaires.

En mars 1986, sort *Libertine*, où Mylène aborde pour la première fois, sous la plume de Boutonnat, la sexualité. *« Le piquant de la vie est de choquer, quitte à se faire censurer »*, déclare-t-elle à un journaliste. Relayé par un clip torride où l'artiste abandonne définitivement sa couleur châtain naturelle pour se teindre en rousse « mangue » (sur ses conseils et par solidarité, dit-on, avec son manager Bertrand Le Page, rouquin lui aussi, et qui aurait, dans son enfance, essuyé nombre de moqueries de ses copains à ce sujet), le single se vend à plus de 400 000 copies. À noter qu'il existe deux pochettes de *Libertine* : l'une, rarissime, avec une Mylène châtain en robe orange, l'autre, illustrée d'une photo tirée du clip où elle arbore sa nouvelle couleur.

Le 1er avril 1986, sort *Cendres de lune*, le premier album de Mylène Farmer, sur lequel on retrouve tous ses singles (sauf *On est tous des imbéciles*), et six nouveaux titres, ambiance gothico-morbido-satanique. Porté par le single *Tristana*, inspiré du film de Luis Buñuel, et servi par un clip très enneigé qui dure plus de 11 minutes, sorti en février 1987 et réinjecté dans le second pressage de disque, l'album se vend à plus de 800 000 exemplaires.

Sans contrefaçon, devenu une des chansons-culte de Mylène, et l'hymne de la communauté gay, parce qu'il traite sans ambiguïté de l'ambiguïté sexuelle, sort en octobre 1987. Succès foudroyant et 500 000 exemplaires vendus. La chanson retrouvera une seconde jeunesse en 1995, en servant de musique de générique à *Pédale douce*, le film de Gabriel Aghion, comédie elle aussi consacrée à l'ambiguïté sexuelle. Le clip, tourné sur les plages de Cherbourg avec Zouc au casting, paraît un peu après.

En mars 1988, Mylène sort *Ainsi soit je*, un de ses textes les plus personnels, dédié à une amie disparue, Marie, auteur d'un album intitulé *Bulle de chagrin*. Un clip dépouillé suit la chanson. En avril, sort le deuxième album de Mylène Farmer, intitulé également *Ainsi soit je*, dix chansons variées, dont une reprise du *Déshabillez-moi* de Gréco. L'album se vendra à 2 millions d'exemplaires. En septembre, sortie du single *Pourvu qu'elles soient douces*, où d'aucuns voient une apologie de la sodomie ! Laurent Boutonnat orne la chanson d'un clip mégalomaniaque de 17 minutes 30, au budget pharaonique de 4 millions de F de l'époque, qui remportera plusieurs prix. Le single se vend à 800 000 copies. En novembre, Mylène Farmer reçoit une Victoire de la Musique en tant qu'artiste de l'année : *« Tout le show-business était là et ces gens m'ont écœurée,* commentera-t-elle. *J'ai failli m'enfuir. »*

Sans logique, troisième single extrait d'*Ainsi soit je*, paraît en février 1989, qui comporte des samples de Greta Garbo, et affiche une couleur rouge sang (comme sa pochette et le clip, inspiré des toiles de Goya). Il s'en vend 250 000 copies. Mylène assigne en justice le Parti Ouvrier Européen, qui avait utilisé une photo du clip de *Sans logique* pour une affiche électorale l'accusant implicitement de faire l'apologie de la drogue. 1989 est aussi l'année où, pour la première fois, l'artiste affronte l'épreuve de la scène. Une tournée dans toute la France, et des concerts au POPB de Paris-Bercy, le tout à guichets fermés. Le décor, grandiose et dépouillé, rappelle l'ambiance des *Misérables* de Hugo, Mylène jouant les Cosette. Outre ses propres tubes, elle reprend *Déshabillez-moi*, et *Je voudrais tant que tu comprennes*, chanson créée par Marie Laforêt. Ne se reposant pas sur ses lauriers, elle sort en août le single *À quoi je sers* (140 000 exemplaires vendus), et, dans la foulée, *En concert*, son premier double album live (600 000 copies vendues), ainsi qu'une vidéo du concert, filmé par Boutonnat, auquel il a ajouté des scènes d'ambiance quelque peu morbides.

1990 est une année-charnière pour la carrière de la chanteuse : elle prend du recul, ne sortant que deux singles *Allan* et *Plus grandir*, extraits de son live, qui se vendent à plus de 150 000 exemplaires chacun. Mais surtout, elle se fâche avec son manager Bertrand Le Page, à la suite d'un esclandre au cours du dîner où sa maison de disques devait lui remettre un disque de diamant. Le Page sera remplacé par Thierry Suc, qui cornaque également des artistes comme Lara Fabian, et produira ses spectacles à venir, en coproduction avec Heathcliff, la société de production audiovisuelle de Boutonnat, créée à ce moment-là. Le tandem Farmer-Boutonnat possède aussi sa société d'édition discographique Requiem Publishing et sa société de production Stuffed Monkey. Suc est toujours le manager de Mylène Farmer. C'est lui qui, dit-on, serait responsable de son attitude de plus en plus en retrait vis-à-vis des médias.

En 1991, Mylène organise son come-back, fondé sur un nouveau look, une nouvelle coupe de cheveux (couleur plus rouge carotte) et un nouveau disque, intitulé justement *L'Autre*, qui sort en mars. L'album, composé de dix chansons, comprend notamment *Regrets*, en duo avec Jean-Louis Murat, *Psychiatric*, avec un sample du film *Elephant Man (« I'm not an animal, I'm a human being »)*, et surtout *Désenchantée*, choisi comme premier single, superbe chanson et formidable succès : 1 800 000 disques vendus, et un clip de 10 minutes, en costumes signés Thierry Mugler. *Désenchantée* est devenu un des hymnes les plus populaires de la chanteuse. Côté promotion, Mylène accorde une seule interview, en exclusivité, à Laurent Boyer de M6, et cautionne la publication d'un livre *Ainsi soit-elle*, signé Philippe Séguy.

Désenchantée continue de cartonner au Top-50 quand sort en single *Regrets*, servi lui aussi par un clip, égale 250 000 exemplaires vendus. Suit *Je t'aime mélancolie*, puis son clip à la manière de *Rocky,* en costumes signés Jean-Paul Gaultier. C'est le 12 novembre de cette même année qu'un fan, furieux de ne pas arriver à obtenir de Polydor les coordonnées de la chanteuse, débarque dans les bureaux de la maisons de disques, situés alors rue Cavallotti (à Paris, XVIIIe), armé d'un fusil, et tue le réceptionniste qui tentait de le raisonner. Mylène, choquée par le drame, écrira à ce sujet la chanson *Mylène is calling* et se sentira confortée dans son attitude de secret et de protection de sa vie privée.

En 1992, sort *Beyond my control*, quatrième et dernier extrait de *L'Autre*. Son clip, qui mêle sexualité et cannibalisme, va subir la censure : refusé un peu partout, diffusé seulement la nuit sur M6. La chanson se vend quand même à 250 000 exemplaires. Pour le disque de charité *Urgence contre le sida*, Mylène écrit *Que mon cœur lâche*, mais la chanson est refusée. Un clip promotionnel en est tourné, dû à Luc Besson. Le single se vendra à 110 000 exemplaires, et une version anglaise de la chanson, *My soul is slashed*, enregistrée pour l'exportation. Cette même année, pour le plus grand bonheur de la frange « techno », nombreuse, des fans de Mylène, sort un double CD, *Dance remixes*, sous pochette noire, destiné au marché étranger. Sa version pour l'Europe, sous pochette blanche, ne comporte qu'un CD, et se vend quand même à 300 000 copies.

Les années suivantes vont être des années d'éloignement : Mylène Farmer et Laurent Boutonnat, à qui ce projet, en tant qu'homme d'images qui a commencé sa carrière dans le cinéma, tient particulièrement à cœur, se lancent dans l'aventure *Giorgino* : un long (très long : 4 heures à l'origine, près de 3 heures dans sa version finale) métrage de Boutonnat, complexe et torturé, qui se passe à la fin de la guerre de 14, et rassemble toutes les obsessions, tous les fantasmes du couple. Le rôle titre y est tenu par le jeune et beau musicien et comédien américain Jeff Dahlgren, Mylène jouant l'héroïne féminine, mais assez en retrait. Le tournage, pharaonique, se déroule en Slovaquie, durant l'année 1993.

Giorgino, dont Boutonnat a également composé la musique (mais dont la B.O. ne comporte pas de chanson de Mylène), sort le 5 octobre 1994 en salles à travers toute la France... et disparaît à la trappe trois semaines après ! C'est un bide retentissant. Farmer et Boutonnat, co-producteurs, y ont englouti des sommes considérables. Et leur couple bat de l'aile. Ils se séparent. Mylène part vivre aux États-Unis avec Dahlgren, qui deviendra et restera son guitariste attitré. À noter que, fidèle à elle-même, la chanteuse ne s'est jamais expliquée sur ses rapports sentimentaux avec les hommes, que ce soient Boutonnat, Dahlgren, ou, plus récemment, l'écrivain Marc Lévy. Mylène passe huit mois à se ressourcer en Californie : « *J'ai eu une sensation très forte de renaître*, dit-elle. *Je m'essoufflais et j'ai eu besoin de me reconstruire.* » Par la suite, elle vivra entre Paris, Los Angeles, et New York.

1995 sera l'année de son retour en France, et de son come-back musical. Ayant retrouvé Laurent Boutonnat, ils composent les chansons de son nouvel album, *Anamorphosée,* un disque plus mûr, débarrassé de ses oripeaux gothiques ou provocateurs, marqué par une certaine recherche spirituelle. Le premier single, *XXL*, sort en août, avec un clip signé Marcus Niespel, et se vend, sans promo aucune, puisque à partir de ce moment Mylène ne donne presque plus d'interviews, à 150 000 exemplaires. L'album sort le 18 octobre et fait un malheur, avec plus d'un million d'exemplaires vendus. En décembre, deuxième single, *L'instant X*, et clip tourné à New York par Niespel : 100 000 copies vendues.

Mylène, qui a renoué avec le succès, enchaîne avec *California* (mars 96), et son clip tourné par Abel Ferrara sur Sunset Boulevard à Los Angeles. Le film *Pédale douce* sorti en salles fin 95, marche très fort, et remet à la mode *Sans contrefaçon* dans la communauté homosexuelle : *« Je sais que je suis portée par la communauté gay,* explique Mylène, *mais il n'y a pas de philosophie là-dedans. La catégoriser, c'est déjà la différencier, et je ne le fais pas. »* En revanche, son engagement en faveur de la lutte contre le sida est, lui, une constante.

Tout comme son refus de se voir récupérée à des fins politiques : ainsi, elle poursuit en justice le

Front National qui avait, lors d'un meeting de Jean-Marie Le Pen à Lyon le 19 avril 1995, fait monter sur scène une certaine Line Grégory, sosie de la chanteuse.

Mais surtout, cette année 1996 marque le retour de Mylène sur scène, pour la deuxième tournée de sa carrière. Elle débute en province, avant d'affronter de nouveau le POPB de Paris-Bercy, avec un show à grand spectacle à l'américaine, riche en effets spéciaux, où elle paie de sa personne, en mini-short lamé, entourée de drag-queens. Le 15 juin, à Lyon, un de ses danseurs, David Martianno, se pend accidentellement dans la chorégraphie de *XXL*. Mylène, qui est tombée dans la fosse, a le poignet fracturé, et doit interrompre sa tournée jusqu'en décembre. Elle la reprendra à Lyon. *Comme j'ai mal* (avec un clip de Marcus Niespel), sort en single, puis *Rêver* (avec sa pochette où elle pose nue, et un clip extrait du live à Bercy à venir) sortent à la fin de cette glorieuse année.

En 1997, Mylène capitalise : en mars, sortent deux cassettes vidéo de l'ensemble de ses clips, depuis la période Boutonnat jusqu'aux derniers, dont les ventes lui vaudront une vidéo de diamant. En septembre, sort le *Live à Bercy*, double-CD à la tranche pailletée, qui se vend à 850 000 copies.

Elle en extrait deux singles *La poupée qui fait non*, chanson de Michel Polnareff qu'elle reprenait sur scène en duo avec Khaled et *Ainsi soit je*. En revanche, déception aux Victoires de la musique, où elle remporte quand même celle de l'album le mieux vendu à l'exportation, pour *Anamorphosée* et ses 400 000 exemplaires.

L'année 1998 sera une année sabbatique. Mylène ne sort guère, préparant déjà les textes de son prochain album, dont le titre annoncé serait *Mes moires*.

En fait, l'album s'appellera *Innamoramento*, dont l'ambiance oscille entre tourments et embardées mystiques, et sort en avril. Il est précédé en février d'un premier single, *L'Âme-Stram-Gram*, assorti d'un clip grandiose réalisé sur la Muraille de Chine par Ching Siu Tung, cinéaste chinois réputé. Vient ensuite *Je te rends ton amour*, dont le clip, où l'on voit Mylène faire l'amour avec un ecclésiastique, est censuré par le CSA. La chanteuse le sortira néanmoins en cassette vidéo single, dont les droits seront reversés à l'association Sidaction. *Souviens-toi du jour*, troisième single extrait d'*Innamoramento*, dont les ventes sont considérables, sort en septembre, en même temps que débute la tournée du Mylenium Tour : une quarantaine de dates en France (dont le rituel passage au POPB de Paris-Bercy), en

Belgique, en Suisse, mais aussi en Russie, étalées sur la fin 1999 et l'année 2000. Le show est grandiose, moins provocant que mystico-new age : Mylène apparaît sur scène entre les mains d'une gigantesque statue de la déesse Isis, exécutée d'après une œuvre du sculpteur suisse H. R. Giger, qui fut à l'origine du monstre d'*Alien*. Elle commente ainsi la symbolique de son spectacle pharaonique : « *J'ai choisi Isis car elle a plusieurs visages. J'ai ainsi donné naissance à une créature qui, pour moi, est la mère de la nature vivante. Elle évoque les quatre éléments naturels, elle est le cinquième.* »

Aux NRJ Music Awards, lancés début 2000 par la station de radio et diffusés sur TF1, Mylène remporte trois trophées : meilleur concert, meilleure artiste féminine francophone et meilleur album francophone de l'année. Une revanche éclatante sur les Victoires de la Musique... Sort ensuite *Optimistique-moi,* quatrième single de l'album, avec son clip, tourné dans un cirque, par Michael Haussman. Puis *Innamoramento*, dernier single de l'album éponyme, avec un clip mi-live mi-retravaillé en studio, qui fait grincer les dents des fans.

Entre temps, le duo Farmer-Boutonnat prend sous son aile pygmalionne une jeune chanteuse d'origine corse, Alizée, révélée à seize ans par l'émission *Graines de stars* sur M6. Ils lui écrivent une première chanson gentiment coquine, *Moi Lolita*, dont le single se vend à environ un million d'exemplaires, puis l'album *Gourmandises*, qui sort en novembre, et se vendra à 500 000 copies. Gérées et contrôlées par Mylène, Laurent et Thierry Suc, la carrière de la jeune Alizée, son attitude (secret, look, peu d'interviews, etc.) rappellent celles de Mylène elle-même. Certains la considèrent comme une espèce de clone adolescente de la chanteuse, l'enfant qu'elle a été, qu'elle aurait voulu être, voire qu'elle aurait voulu avoir...

À la fin de l'année 2000, le Mylenium Tour achevé, la machine commerciale Farmer se remet en branle : sortent simultanément, en décembre, l'album live *Mylenium Tour* (double-CD, triple vinyle, cassette), la vidéo en VHS et DVD, plus nombre d'objets collectors comme d'habitude, que s'arrachent les fans. Un premier single en est extrait, *Dessine-moi un mouton*, largement remixé en studio, et le clip qui le suit n'est pas parfait techniquement. Quelques spécialistes iconoclastes soupçonnent certains titres d'avoir été interprétés sur scène en play-back, et remixés en studio pour figurer sur l'album... L'année aura quand même été triomphale pour Mylène.

Début 2001, elle rafle encore deux NRJ Music Awards, et participe à la B.O. du dessin animé américain *Razmokets à Paris*, avec un titre, *L'histoire d'une fée c'est...*, qui sort en single et sera repris sur son best of.

Lequel best of, son premier, intitulé *Les mots*, sort fin 2001. Un double-CD de trente titres classés chronologiquement depuis *Maman a tort* jusqu'à *L'histoire d'une fée c'est,* avec trois titres inédits : *Les mots*, en duo avec le chanteur anglais black Seal, premier single et clip signé Laurent Boutonnat, *C'est une belle journée* et *Pardonne-moi*. Le disque doit en être à un million et demi d'exemplaires vendus. Côté promotion, Mylène n'a accordé qu'une seule interview, à son amie Dany Jucaud, correspondante de *Paris Match* à New York, chez qui elle habite lorsqu'elle séjourne là-bas. Une interview-vérité, assez directe, où la chanteuse revient sur ses thèmes de prédilection (la vie privée, le silence, la méfiance, la mort...) et où elle envisage la façon dont elle mettra fin un jour à sa carrière : *« ...j'y pense parfois. Je saurai quand viendra le moment où il faudra que je change. Non pas le fond de mon expression, mais la forme. Je saurai ne pas faire "le combat de trop". Partir avant de lasser. »*

Début 2002, Mylène a reçu un NRJ Music Award remis en direct au Midem de Cannes.

On entend beaucoup ses trois nouvelles chansons à la radio. Mais pas d'autre manifestation de la chanteuse...

2003 : aux dernières nouvelles, le duo Farmer-Boutonnat est en studio avec Alizée pour le deuxième album de sa protégée, prévu pour le mois de mars. Les fans, eux, annoncent avec gourmandise que la sortie de son prochain album studio personnel serait déjà programmée pour l'année prochaine, et suivi d'une tournée. Autosuggestion née d'une longue frustration (*Innamoramento* remonte déjà à 1999), simple rumeur façon « méthode Coué » pour se faire du bien et patienter, ou tuyau solide ? Les fans de Mylène, ses vrais afficionados, sont souvent, par des canaux mystérieux, bien informés... En janvier, Mylène vient chercher, au Midem, son NRJ Award habituel, catégorie « meilleure artiste féminine francophone ». Mais surtout, elle se prépare à publier son premier livre, un conte illustré pour adultes, intitulé *Lisa-Loup et le conteur*...

À ce jour, Mylène Farmer aurait vendu plus de 10 millions de disques, et, d'après *Le Figaro*, elle serait l'artiste française qui aurait gagné le plus d'argent en 2001, avec 10,4 millions d'euros (68,22 millions de F) de bénéfices (tous « produits » confondus), loin devant Patrick Bruel et Jean-Jacques

Goldman. Elle gagnerait environ 35 millions de F par an... Ce qu'elle dément bien sûr. En 2002, « petite année » pour la chanteuse, Mylène aurait gagné, toujours selon le classement annuel du *Figaro*, seulement 2,1 millions d'euros.

2

LE SYSTÈME FARMER

1984-2003, presque vingt ans que ça dure. Vingt ans de succès, qui ont porté la jeune fille timide au top des tops, pour en faire une star, une des chanteuses françaises les plus populaires, une de nos plus grosses vendeuses de disques. Avec, en plus, cette aura particulière qui lui confère le statut envié d'idole. De l'extérieur, on a l'impression que le chemin de Mylène fut toujours pavé de roses. Ce n'est pas tout à fait son sentiment. « *Une carrière,* expliquait-elle chez Guillaume Durand à LCI en 1994, *c'est quelque chose qui se pense, qui se gère, qui s'est construit comme ça, lentement. J'ai mis trois ans, jusqu'à* Libertine, *pour apprendre mon métier.* »

Une Mylène à la tête froide, à la fois lucide et humble, qui se souvient de débuts difficiles... Elle semble avoir très mal vécu ses jeunes années post-adolescentes, où elle prenait des cours de théâtre en courant le cachet, gagnant sa vie grâce à des spots publicitaires tout en rêvant de faire du vrai cinéma. Intermittente du spectacle, avec comme ambition de devenir une star d'Hollywood : « *Je rêve de faire du cinéma* », confiait-elle en 1986. Il y eut le relatif succès de *Maman a tort*, qui a dû la conforter, lui faire prendre confiance en elle-même, en son talent, en son destin. Mais l'échec de *On est tous des imbéciles*, juste après, remettait tout en question. Sa carrière ne durerait-elle que l'espace d'un 45-tours ? Une autre aurait pu se désespérer, renoncer. Pas Mylène, surtout épaulée par Laurent Boutonnat. Lequel, si l'en en croit leurs interviews communes des débuts (1984), malgré son air juvénile, sa mèche à la Robert Smith, semble avoir la tête bien sur les épaules, face à une Mylène châtain frisée, en petite robe noire toute simple, presque un peu godiche.

À l'époque, Laurent semble tirer toutes les ficelles, accréditant la thèse d'un Pygmalion dirigeant sa créature, même si les deux protagonistes du tandem ont le même âge à trois mois près. Il est vrai que si Mylène, à ses débuts, ne possède comme bagage que quelques cours de théâtre et ses figurations publicitaires, Laurent, lui, est un surdoué qui, depuis tout petit, pratique la musique et le cinéma : « *J'ai appris la musique et l'harmonie très jeune,* explique-t-il en 1984, *et, tout gosse, je faisais des petits films en super-8, chez moi, sur mes chansons.* » Il a déjà pas mal traîné sur les plateaux de cinéma afin d'y apprendre son métier, et un court-métrage à son actif.

Tout de suite, le duo Farmer-Boutonnat tire la leçon de son échec, et s'organise en machine de guerre, en système, qui fera la preuve de son infaillibilité. Désormais, ils feront tout eux-mêmes. Mylène les paroles (à partir de *Tristana*), Laurent la musique (jusqu'à l'album *Innamoramento*, pour lequel Mylène compose aussi quelques musiques). Laurent réalisera aussi tous les clips (jusqu'à *XXL*), inventant et mettant en scène le personnage de Mylène, qui, enfin, fait son cinéma. L'apothéose de leur collaboration aurait dû être *Giorgino* : en cas de succès, Boutonnat aurait conquis sa place comme réalisateur sur grand écran, et Mylène la sienne comme actrice, susceptible de se lancer sérieusement dans cette deuxième carrière On sait ce qu'il en résulta : un échec cuisant, de lourdes pertes financières, la catharsis américaine de Mylène, et un redémarrage de leur collaboration, recentrée sur la chanson, et renouant avec le succès. Peut-être ont-ils vu trop grand, ou surestimé leur pouvoir : si Mylène possédait en 1994 une réelle légitimité comme chanteuse, et une immense popularité, son public traditionnel ne l'a pas suivi dans les salles obscures, et le film en lui-même n'a pas réussi à lui gagner le public des cinéphiles.

Mylène Farmer et Laurent Boutonnat ont également bâti un système à l'américaine pour gérer non seulement la carrière de la star (avec l'aide efficace du manager Thierry Suc), mais aussi tous ses à-côtés : production des disques et des concerts, publishing des textes et des musiques des chansons, copyright des images, produits dérivés, merchandising. Même les photos de Mylène sont sous contrôle, au grand dam des journaux « people » et des fans : *« la star ne laisse filtrer que quelques rares photos autorisées ; elle aurait d'ailleurs retiré du marché* (c'est-à-dire des agences N. de l'A.) *80 % de ses anciens portraits »*, note Florence Rajon dans *Mylène Farmer de A à Z (opus cité)*. Même les deux magazines qui lui sont dédiés doivent respecter ses règles : indépendants, ils sont tolérés à condition de ne pas trop se faire remarquer (pas d'interviews à la presse, pas de publicité), de ne publier que des images et des textes « farmèrement » corrects et agréés, et, en principe, de ne pas gagner d'argent !

Mylène et ses proches ont construit toute sa carrière selon un principe de rareté. Par nature et par fonction. Chez Mylène, la timidité d'origine, sans aucun doute réelle et sincère, devient un instrument de marketing, une marque de fabrique, voire une façon de se distinguer de la plupart des autres artistes. Rareté de ses apparitions en public (elle ne fait sa première scène qu'en 1989), de ses interviews. Mylène, hormis son travail, donne peu, très peu d'elle-même. Et que les fans s'en accommodent. Mieux, qu'ils l'aiment aussi pour cette rareté, qui donne et laisse libre cours à leurs fantasmes, puisque tout ce qui est rare est cher.

Bien sûr, cette gestion de carrière presque autiste ne lui a pas fait une bonne réputation dans le show-biz français, milieu que par ailleurs elle déteste et avec qui elle a aussi peu de contacts que possible. Souvenons-nous de ses déclarations de 1988, après sa Victoire de la Musique : *« Tout le show-business était là et ces gens m'ont écœurée. J'ai failli m'enfuir. »* En vingt ans de carrière, elle ne s'est jamais intégrée à aucune troupe d'artistes au sein d'œuvres humanitaires, par exemple. Quant à ses collaborations, en fait de simples duos, on en compte en tout et pour tout trois : Jean-Louis Murat pour *Regrets* en 1991, qui, d'après ses déclarations, gardera de l'expérience des souvenirs mitigés (mais il passe pour avoir mauvais caractère, et souvent la dent dure à l'égard des autres chanteurs) ; Khaled pour *La poupée qui fait non*, de Polnareff, interprété sur la scène de Bercy en 1996 ; et l'Anglais Seal pour *Les mots* en 2001. On raconte également qu'aux NRJ Music Awards de janvier 2003, Mylène, à Cannes, faisait loge à part de tous les autres artistes venus chercher leur récompense.

Suprême orgueil, mépris des autres, profonde agoraphobie, sensation d'être vraiment *autre* ? Comme si son royaume n'était pas de ce monde, il y a chez Mylène un côté extra-terrestre (l'un de ses singes ne s'appelle-t-il pas E.T. ?), à la fois vécu et cultivé, qui renforce sa cote d'amour auprès de ses fans, agace souverainement le show-biz et les médias. Lorsqu'on s'intéresse à elle, qu'on s'approche de son univers, on a un peu l'impression de s'attaquer à la Grande muraille de Chine... Quelque chose de massif, de verrouillé, presque inhumain, même si bâti sur sa fragilité. Mais une fragilité tellement sophistiquée et mise en avant qu'elle est devenue une force. On aimerait bien trouver la faille (pas la faiblesse), le petit détail qui rendrait à Mylène sa dimension humaine, plus humaine. Comment faire un métier si public, à une époque où les artistes (et même les apprentis-artistes) sont de plus en plus médiatisés, en étant si peu ouverte aux autres ?

Mylène ne serait-elle pas aujourd'hui prisonnière du système qu'elle s'est créé ? Pourra-t-elle continuer à fonctionner indéfiniment de la sorte, même si elle aborde d'autres univers : on pense, par exemple, à son conte *Lisa-Loup et le conteur*, son premier livre, qui aurait pu lui fournir l'occasion de s'ouvrir un peu, de parler de ses goûts littéraires, de ses rapports à l'écriture... Il semble qu'il n'en soit rien. Et que le livre sera géré comme le reste, comme ses disques. Dommage...

3

MYLÈNE DANS LE TEXTE

Ce n'est évidemment pas un hasard si le premier *best of* de Mylène Farmer, sorti fin 2001 et dont on sait qu'il a atteint des ventes considérables (environ 1,5 million d'exemplaires, chiffres de janvier 2003), s'intitule *Les mots*. Comme si la chanteuse avait voulu réaffirmer, non sans une certaine solennité, l'importance de l'écriture dans sa vie, dans son univers : *« Les mots sont nos vins »* chante-t-elle en duo avec Seal.

Mylène poète ? Pourquoi pas. Un fan, sur un des nombreux sites Internet consacrés à l'artiste (voir p. 147), s'est intéressé avec méticulosité au langage même qu'elle utilise dans ses chansons. Pour constater la richesse de son vocabulaire (1 500 mots différents), l'élaboration de ses textes (plus de 100 mots différents dans *Pourvu qu'elles soient douces*, *Je t'aime mélancolie*, *Regrets*, *Pas de doute* ou

California). Quant à ses motifs d'inspiration tels que les mots objectivement les trahissent, on ne s'étonnera guère que le je, l'ego, arrive nettement en tête devant les autres pronoms personnels, l'univers de Mylène étant très personnel et ses chansons présentées comme autobiographiques. Ses pensées morbides des débuts semblent l'avoir abandonnée depuis *Ainsi soit je* (1988), tandis que les occurrences des mots à connotation spirituelle ont dépassé celle des mots liés au corps, depuis l'album *Anamorphosée* (1995). Tout en en relativisant la portée (ce que fait d'ailleurs l'auteur de l'étude, jmperrochat), et en se gardant de se livrer à des interprétations psychologisantes faciles, force est de reconnaître l'intérêt des informations que nous apporte ce travail, quant à l'évolution de l'inspiration, au déroulé de la carrière de Mylène. Sans extrapoler non plus outre mesure, et en admettant que l'atmosphère d'un disque est nécessairement variée ·

Il n'empêche que l'on se souvient encore des paroles d'*Allan* (chanson dédiée à Poe, dont l'univers est pour le moins angoissant) :

> *« L'étrange goût de mort*
> *S'offre mon corps (...)*
> *De tout mon être je viens vers toi !*

Masque blafard
Tu meurs ce soir (Allan Allan)
Masque empourpré
De sang séché (Allan Allan)... »

Angoisse devant la mort, apparitions, cauchemars occupent alors l'esprit de Mylène. Souvenons-nous également de *Au bout de la nuit*, chanson moins connue qui figurait sur *Cendres de lune* en 1986, avec ce couplet inquiétant :

« *chut !*
tout est vide
tout est ride
suicide. »

Même si la suite laisse entendre que l'amour reste plus fort que la tentation suicidaire, le mot fatal est quand même lâché. De même dans *La ronde triste* (1988), avec ses paroles en anglais :

« *Please let me dream*
Let me scream
Let me die. »

Interrogée à ce sujet à plusieurs reprises, Mylène niera toute tentation de ce genre, tout en reconnaissant le côté profondément « *mélancolique* » (c'est un euphémisme) de son tempérament et de ses textes, dans cette première phase de son inspiration.

C'est alors son époque « gothique », noire, qui culminera avec les concerts de 1989, même si Mylène, dans ses clips, ne cessera jamais vraiment de se promener dans les cimetières, ainsi qu'en témoigne *Regrets* (1991) avec Jean-Louis Murat : drôle d'endroit pour se donner un rendez-vous d'amour !

De la mort à l'amour, autre thème d'inspiration vieux comme le monde, l'univers de Mylène semble s'éclaircir quelque peu, même si elle ne peut chanter que des amours atypiques ou tourmentées.

Écoutons *Pourvu qu'elles soient douces* :

« Ton Kamasutra
A bien cent ans d'âge
Mon Dieu que c'est démodé
Le nec plus ultra
En ce paysage
C'est d'aimer les deux côtés. »

Qu'en termes galants ces choses-là sont dites, n'est-ce pas, mais le sens n'en est pas moins transparent. Comme la tentation du travestissement en homme de *Sans contrefaçon* :

« Un mouchoir au creux du pantalon
Je suis chevalier d'Eon. »

L'amour chez Mylène est rarement gai. Abandonnée dans *Ainsi soit je*, traumatisée par le sida et l'usage devenu indispensable du préservatif dans *Que mon cœur lâche* :

« Amour poison
Collision
La peur s'abat
Sur nos ébats

Toi entre nous
Caoutchouc
Tu t'insinues
Dans nos amours. »

Mylène peut aussi se métamorphoser en mante religieuse, en femme jalouse redoutable assassinant son amant infidèle, dans *Beyond my control* :

« Je n'comprends plus pourquoi
J'ai du sang sur mes doigts
Dors en paix je t'assure
Je veillerai ta sépulture/mon amour. »

Même le fameux « *Amour XXL* » que réclament les « *filles de cocktails* », et autres « *fleurs de poubelles* », « *Paul en Pauline* » ne va pas sans « *vague à l'âme* », ni « *un regard de peau et de larmes* ». Il est vrai qu'ici Mylène a choisi de s'intéresser au sort des prostituées et des travestis. Mais on chercherait en vain chez elle une seule bluette, un seul texte où l'amour rimerait enfin avec toujours. Fille du Nord née dans les frimas canadiens, Mylène ne se sent bien qu'au pays des amours nuageuses, des orages, des cœurs glacés :

« Nos âmes se confondent
Aux neiges éternelles. »

Écrit-elle joliment dans *Regrets*. Un froid dont même *« le ciel de Californie »*, pourtant présenté comme *« sexy »*, ne parvient pas à chasser le *« spleen »*. On voit mal Mylène en top-model faisant son jogging sous les palmiers. Tout au moins quand elle écrit ses textes...

Mais l'amour n'est pas seulement humain, corporel. Il y a l'amour après la mort, sublimé, éthéré, dans *Regrets* encore, dont c'est le thème principal, variation sur le mythe antique d'Orphée et Eurydice. Là, c'est Mylène la revenante, qu'est venu rejoindre dans un cimetière son Jean-Louis, et qui lui chante :

« Loin très loin du monde
Où rien ne meurt jamais
J'ai fait ce long
Ce doux voyage. »

Il y a tous ces envols vers un mystérieux ailleurs mystique, nourri de références à l'imagerie chrétienne :

« Les anges sont las de nous veiller
nous laissent comme un monde avorté
suspendu pour l'éternité. »

(Rêver)

« Je m'abîme d'être moi-même
avant que le vent nous sème
à tous vents, je prends un nouveau départ. »
(Comme j'ai mal)

Le monde selon Farmer n'est guère réjouissant : ici-bas, le plus souvent souffrance et solitude, amours douloureuses ; au-delà : on ne sait pas trop quoi. Bien sûr, il y a Dieu, et le diable, entre lesquels au début Mylène hésite :

« Car sans logique
Je me quitte
Aussi bien satanique
Qu'angélique... »
(Sans logique)

Et qui est cet *AUTRE* qu'elle célèbre dans la chanson éponyme ? Et quels sont ses rapports de fascination érotique, d'amour blasphématoire qu'elle entretient encore avec Jésus dans *Agnus Dei*, en 1991, c'est à dire bien après la fin de sa période « gothique » :

« De mutilation
En soustraction
Agnus Dei
Te voir en chair
J'en perds la tête. »

Ce n'est pas du sainte Thérèse d'Avila, mais presque !

Mais à partir d'*Anamorphosée*, l'album « américain » de 1995, tendance confirmée par *Innamoramento*, comme si elle avait trouvé un gourou (Paulo Coelho ?), Mylène semble s'apaiser, et son inspiration s'éloigner du catholicisme, de ses symboles et de ses références à la fois sensuelles et culpabilisantes, pour se tourner vers une espèce de sagesse *new age*, des aspirations plus ou moins bouddhistes (le nom de Bouddha apparaît même dans *Méfie-toi*, chanson d' *Innamoramento*), éthérées et relativement stabilisatrices :

« mets ton âme de lumière
et tournoie et tournoie » (Et tournoie)
« mais toujours vouloir pour soi
la lune, la lune
même pour un nirvana
de fortune... » (Tomber sept fois).
« laisse le vent emporter tout
laisse le vent prendre soin de tout
je laisse le vent emporter tout
laisse le vent prendre soin de nous. »
(Laisse le vent emporter tout)

Nous étions dans la religion, nous voici dans le mysticisme, avec une prédilection pour les éléments naturels (le vent, les nuages, la neige...). Mylène semble trouver sa place dans un drôle d'univers, se bâtir sa cosmogonie personnelle, sa mythologie. Évolution spirituelle, évolution tout court, fort logique puisque près de vingt ans se sont écoulés depuis *Maman a tort*.

*
* *

Mylène a un beau brin de plume, une façon d'écrire bien à elle, sur des thèmes sans guère d'équivalent chez d'autres auteurs de chansons. Elle n'hésite pas à chanter des textes riches, chargés de sens, voire de doubles-sens, ne jouant pas tant sur les mots, qu'avec les mots, leurs rapports entre eux et leur ordonnancement, quitte à bouleverser les règles de la syntaxe et de la versification classiques. Allons donc voir de plus près comment ça fonctionne, à travers quelques textes de tonalités différentes, qui nous semblent importants dans son parcours, en utilisant les bonnes vieilles méthodes de l'analyse stylistique traditionnelle.

À quoi je sers (1989)

Une chanson à la tonalité fort sombre, où Mylène fait dans l'introspection. *À quoi je sers* s'ouvre sur deux strophes de six vers, composées de deux (presque) alexandrins, et de deux quatrains de vers de quatre pieds.

« Poussière vivante, je cherche en vain ma voie lactée
Dans ma tourmente, je n'ai trouvé qu'un mausolée
Et je divague
J'ai peur du vide
Je tourne des pages
Mais... des pages vides

Poussière errante, je n'ai pas su me diriger
Chaque heure demande pour qui, pour quoi, se redresser
Et je divague
J'ai peur du vide

Pourquoi ces larmes
Dis... à quoi bon vivre. »

Deux strophes très travaillées, conçues pour que les sonorités répétitives s'impriment dans nos oreilles. Répétition du mot *« poussière »* à chaque début, rimes intérieures (*« vivante/tourmente »* et *« errante/demande »*), reprise des deux premiers vers de chaque quatrain, construits sur des sons plaintifs (-i, -v), rimes en majorité féminine. Tout ici est fait pour suggérer la douceur, la mélancolie.

Suit une strophe de huit vers irréguliers (six, sept, huit pieds), où seul demeure le système des rimes croisées sur les syllabes en -er et -ou, assez plaintives toujours.

> « *Mais mon Dieu de quoi j'ai l'air*
> *Je sers à rien du tout*
> *Et qui peut dire dans cet enfer*
> *Ce qu'on attend de nous, j'avoue*
> *Ne plus savoir à quoi je sers*
> *Sans doute à rien du tout*
> À *présent je peux me taire*
> *Si tout devient dégoût.* »

On notera la référence explicite à Dieu, assez peu fréquente chez Mylène, la reprise angoissée du thème de l'inutilité de la vie humaine en général, de la sienne en particulier.

Vient ensuite un quatrième strophe symétrique aux deux premières, mais seule.

> « *Poussière brûlante, la fièvre a eu raison de moi*
> *Je ris sans rire, je vis, je fais n'importe quoi*
> *Et je divague*
> *J'ai peur du vide*
> *Je tourne des pages*
> *Mais... des pages vides.* »

Presque cornélien, le simili-alexandrin du vers 2 est particulièrement réussi dans sa scansion, tandis que les quatre vers suivants reprennent exactement le quatrain de la première strophe, suggérant que le personnage tourne sur lui-même, ne progresse ni dans sa situation, ni dans son auto-analyse. C'est une variation sur le *taedium vitae*, le *« dégoût de la vie »* si cher à Baudelaire et aux poètes romantiques, et ce n'est pas un hasard, puisque c'est le genre de poésie que lit et apprécie Mylène, particulièrement à ses débuts.

Le texte se clôt sur une reprise exacte de la troisième strophe, accentuant l'impression de huis clos obsessionnel. Dans ce texte, à la fois personnel et chargé de sens, Mylène fait preuve de sa virtuosité technique, en lectrice qui a assimilé la versification classique à la façon du XIXe siècle, mais prouve aussi qu'elle sait s'en affranchir. On ne sait comment elle écrit, si les mots lui viennent aisément ou non, puisque sur ce point, fort intéressant pourtant, sinon fondamental, il semble qu'elle ne se soit jamais expliquée, mais à nos yeux il s'agit d'un texte très travaillé, sophistiqué presque.

California (1996)

Dans un registre totalement différent, *California* est la chanson du départ, de l'appel de l'ailleurs. Le texte célèbre la découverte d'un univers nouveau, les États-Unis en l'occurrence, sur un mode plutôt allègre, et au moyen d'une utilisation habile de mots anglais, imbriqués au français de manière fusionnelle. C'est une chanson assez atypique chez Mylène, qui mérite qu'on s'y attarde un peu.

California est constitué de deux longs couplets de seize vers, encadrés de deux quatrains faisant office de refrains, structure simple.

> *« Aéroport, aérogare*
> *Mais pour tout l'or m'en aller*
> *C'est le blues, l'coup d'cafard*
> *Le check out assuré*
> *Vienne la nuit sonne l'heure*
> *Et moi je meurs*
> *Entre apathie et pesanteur*
> *Où je demeure*
> *Changer d'optique, prendre l'exit*
> *Et m'envoyer en Amérique*
> *Sex appeal, c'est Sunset*
> *C'est Marlboro qui me sourit*
> *Mon amour, mon moi, je*
> *Sais qu'il existe*
> *La chaleur et l'abandon*
> *C'est comme une symphonie. »*

Présenté comme autobiographique, ce début fait référence aux circonstances qui ont décidé Mylène à fuir la France en 1995, pour s'« exiler » en Californie, à savoir l'échec du film *Giorgino* en 1994, et la rupture (provisoire) de son association avec Laurent Boutonnat. Une lassitude évidente également, après dix ans de carrière, un besoin de faire le point, de se dépayser, au sens propre du terme. On notera dans cette strophe le fameux double clin d'œil au *Pont Mirabeau* d'Apollinaire, lequel écrit : « *Vienne la nuit sonne l'heure/Les jours s'en vont je demeure* », vers que Mylène réarrange à sa façon. Notons son insistance à présenter ce départ comme une chose vitale pour elle. Dès cette strophe, apparaissent quelques mots d'anglais, soit usuels, soit mythologiques : Sunset, Marlboro, pour camper le paysage où elle arrive. Du point de vue de la versification, l'auteur joue encore sur un mélange de classicisme (rimes croisées, puis quatre vers sur la même rime « apollinairienne »), et s'en affranchit en fin de strophe : à partir du vers neuf, plus rien ne rime vraiment.

> « *C'est sexy le ciel de Californie*
> *Sous ma peau j'ai L.A. en overdose*
> *So sexy le spleen d'un road movie*
> *Dans l'rétro ma vie qui s'anamorphose.* »

Le refrain, assez complexe dans son écriture, constitué de quatre décasyllabes (à quelques pieds près) joue à la fois sur les allitérations en -s *(« So SeXy le Spleen »)*, les mots d'anglais étroitement imbriqués aux mots français, et réussit la création d'une ambiance très vécue. Avec ce recours à un mot savant *« s'anamorphose »*, le titre de l'album dont la chanson est extraite étant, rappelons-le, *Anamorphosée.*

« J'ai plus d'I.D., mais bien l'idée
De me payer le freeway
C'est l'osmose, on the road
De l'asphalte sous les pieds
Vienne la nuit, c'est le jet lag
Qui me décale
L.A.P.D. me donne un blâme
C'est pas le drame
Se faire un trip, s'offrir un streap
Sous le soleil en plein midi
Six a.m., j'suis offset
J'suis l' ice dans l'eau, j'suis mélo, dis
Mon amour, mon Wesson
Mon artifice
La chaleur du canon
C'est comme une symphonie. »

Si le premier couplet était départ, au deuxième couplet Mylène est déjà immergée à fond dans l'*« american way of life »*, à travers quelques-uns de ses symboles stéréotypés : autoroutes, police, sexe, boisson, armes à feu. On notera qu'elle compte déjà les heures en heure locale. Ainsi que quelques jeux sur les mots, plus ou moins acrobatiques : *« trip »* et *streap »*, *« j'suis mélo, dis »*. Ici, l'écriture de Mylène se fait déliée, aérienne, comme débarrassée de tout le poids de son passé, de ses idées morbides, laissées derrière elle, au pays. La Californie a agi sur elle comme une véritable catharsis. Du point de vue de la versification, encore un clin d'œil à Apollinaire, et des rimes très approximatives, plutôt des assonances, voire des vers ne rimant plus du tout. Comme si le grand vent de la liberté à l'américaine avait soufflé, tout emporté de la poésie française classique.

Optimistique-moi (1999)

Une chanson complexe aux résonances très personnelles, où Mylène met en scène un dialogue entre plusieurs personnages. Un homme qui lui fait des reproches, elle qui lui répond, et elle-même enfin qui se souvient des paroles apaisantes que lui adressait son père disparu. Première strophe de quatorze vers, avec pas mal de guillemets, où l'on a parfois du mal à discerner qui parle :

> *«"Je me fous de tes détresses*
> *comme de tout et du reste..."*

C'est ça le temps qui passe
"Je me fous de tes angoisses
Elles m'ont nourrie mais me lassent..."
C'est ça, c'est le temps qui passe

"Je fais fi de tes 'je t'aime',
ils sont des cris qui m'enchaînent..."
C'est ça l'amour
C'est quoi l'amour ?
"Tu ne vis pas c'est morbide"
En somme je suis pathétique,
C'est ça l'amour
Papa n'était pas comme ça quand... »

Échange de propos aigres-doux et désabusés, sur le thème du temps qui passe et défait les amours. Mylène se fout des « *je t'aime* » de son partenaire, lequel lui reproche d'être « *morbide* », ce qu'apparemment elle vit très mal, comparant cet homme avec le souvenir, l'image idéalisée qu'elle a gardée de son père mort quand elle était encore jeune. Lequel lui chantait une comptine, qui apparaît dans la deuxième strophe :

« *Il disait tout bas :*
"Petit bouton de rose
aux pétales humides
un baiser je dépose." »

Vient ensuite l'invocation directe et émouvante à son père, à la faveur du verbe inventé « *optimistiquer* ».

« *Optimistique-moi, Papa*
Optimistique-moi quand j'ai froid
Je me dis, tout bat (faute de frappe pour « *tout bas* » ?)
Quand rien ne s'interpose,
Qu'aussitôt, tes câlins
Cessent toute ecchymose
Optimistique-moi, Papa
Optimistique-moi, reviens-moi... »

Un refrain où l'expression « *optimistique-moi* » revient comme un leitmotiv entêtant, et l'invitation à revenir d'entre les morts afin de consoler sa fille des tourments de la vie, des chagrins d'amour. Rarement Mylène aura écrit un texte aussi intime.

Dans la dernière strophe, symétrique à la première, reprend le système des voix dialoguées, Mylène s'adressant directement à son partenaire dont elle cite les propos peu amènes, et stigmatise la dureté à son égard.

> «*"Tu te fous de mes ténèbres*
> *comme de tout et comme du reste..."*
> *C'est ça, le temps qui passe*
> *"Fais fi des signes du ciel*

seuls les faits sont ton bréviaire..."
C'est ça le temps qui passe

Tu dis : "assez des histoires
Ton passé est préhistoire..."
C'est ça l'amour
C'est quoi l'amour ?
Crucifie-moi Ponce Pilate
Noie-toi dans l'eau écarlate
L'amour est loin. »

On notera le recours au vocabulaire chrétien *(« signes du ciel », « bréviaire », « crucifie-moi Ponce Pilate »)*, Mylène, s'identifiant au Christ, mise en croix par son tortionnaire qu'elle appelle Ponce Pilate. Mylène, martyrisée pour un amour qui s'est enfui, au point même qu'elle dit ne plus savoir à quoi l'amour ressemble. La douleur semble l'égarer, dans un vertige sanglant, qui rappelle celui de certains de ses clips, comme celui de *Je te rends ton amour*.

Vient enfin le dernier vers, fort énigmatique :

Papa était plus malin, quand...

Rupture de ton, changement de registre, avec l'adjectif familier *« malin »*. Mais malin par rapport à quoi, quand il faisait quoi ? La phrase reste en suspens, et cette sombre histoire aussi, qui mêle les réminiscences d'une enfance dont Mylène a prétendu à de multiples reprises avoir tout oublié, ce qui semble faux, avec une douleur bien présente, celle d'une femme malheureuse. Comme d'habitude, on ne cherchera pas à en savoir plus...

4

LA PLUME ET LE PINCEAU

« *Comme je parle peu, je lis souvent* », explique volontiers Mylène (entretien à *Paris Match* du 6 décembre 2001). Bien qu'elle ait arrêté ses études en Terminale (elle a donc passé son bac français en fin de Première, et l'on aimerait bien connaître les notes qu'elle a obtenues), Mylène n'est pas une autodidacte. Il est probable qu'au lycée, on lui a donné le goût de la littérature, celui de la poésie surtout. D'où les références constantes, voire les citations directes d'écrivains qui émaillent les textes de ses chansons. Mylène, pas forcément chanteuse intello, mais il est vrai que ses textes tranchent, par leur qualité poétique, avec une grande partie de ce qui se chante en français.

Mylène Farmer éprouve une prédilection pour l'univers torturé des grands poètes du XIXe siècle. Dès son deuxième album, *Ainsi soit je*, en 1988, elle annonce la couleur avec, en guise d'ouverture, une mise en musique de *L'Horloge*, dernier poème de la section *Spleen et idéal* des *Fleurs du mal* de Charles Baudelaire. Un texte assez dramatique : *« Horloge ! dieu sinistre, effrayant impassible/Dont le doigt nous menace et nous dit : "Souviens-toi !". »* Un poème sur la fragilité de la destinée humaine, la malédiction qui pèse sur chacun d'entre nous, à la tonalité très sombre, et qui s'achève dans un désespoir absolu : *« Tantôt sonnera l'heure (...)/Où tout te dira : Meurs, vieux lâche ! il est trop tard ! »* De quoi bercer le mal-être d'une adolescente compliquée. Le spleen, ce « mal du siècle » romantique par excellence est aussi quelque chose qui la touche, elle qui décrit son *« état d'âme naturel »* (et celui de Laurent Boutonnat) comme *« mélancolique »*. *« La poésie me transporte »*, dit aussi Mylène.

De la lecture à l'écriture, il n'y a qu'un pas. *« J'aime l'écriture »*, dit-elle. Même si tout n'a pas toujours été facile pour elle dans ce domaine : *« L'écriture a été comme une thérapie. Je l'ai découverte tard, car j'ai particulièrement mal vécu mon passage de l'adolescence à l'âge adulte. Je l'ai ressenti comme un viol de mon moi. Écrire, c'est s'avouer des choses. Il m'est arrivé de rayer des phrases que ma main exprimait, mais mon esprit me poussait à les retirer. Je ne me sentais pas encore prête pour me les avouer »* (propos reproduits dans *Mylène Farmer de A à Z* de Florence Rajon, 2002, *opus cité*). C'est donc par ses textes que Mylène livrera ses fantasmes, ses obsessions, les cauchemars qui la hantent, Laurent Boutonnat les mettant en musique puis en images.

De Baudelaire à Poe, la transition est évidente. Sur le même album, *Ainsi soit je*, l'écrivain américain est salué d'une chanson, *Allan*, sombre évocation de sa vie et de son univers aux marges du fantastique : « *Pauvre fantôme/Étrange et blême/J'entends ton chant monotone/ La nuit frissonne...* » Tout cela fait bien sûr un peu grand-guignol. Mais la dimension kitsch fait partie intégrante du monde de Mylène.

Au fil de ses chansons, on peut aussi distinguer d'autres allusions, clins d'œil ou réappropriations de textes. Ainsi le « *j'irai cracher sur vos tombeaux* », de la chanson *Rêver*, sur l'album *Anamorphosée* (1995), décalqué sur le fameux titre de Vian *J'irai cracher sur vos tombes*. Ou le « *vienne la nuit et sonne l'heure/et moi je meurs* », de *California* (sur l'album *Anamorphosée*), si proche du *Pont Mirabeau* de Guillaume Apollinaire. Il y aussi le *Dessine-moi un mouton* saint-exupéryien sur *Innamoramento* (1999) : « *Dessine-moi un mouton/Redevenir l'enfant que nous étions.* » Ou encore *Si c'est un homme* de Primo Levi, inspirant *Souviens-toi du jour* (sur *Innamoramento*) : « *Et si c'est un homme.../ Si c'est un homme/Lui parler d'amour à volonté/D'amour à volonté.* »

Elle cite volontiers Georges Bataille et son *Histoire de l'œil*, au sadisme provocateur. On sait aussi qu'elle aime Cioran : *« J'aime son autodérision. Tout ce qu'il exprime est au-delà du désespoir, c'est si justement formulé, cruellement drôle, si bien écrit. (...) C'est aussi un homme très séduisant. »* En novembre 1995, juste après la sortie de l'album *Anamorphosée*, Mylène avait accepté l'invitation de Jean-Luc Delarue dans son émission *Déjà le retour*. Et avait souhaité que se trouve sur le plateau, avec elle, la psychanalyste Marie de Hennezel, qui venait de publier un ouvrage douloureux mais qui rencontra un écho considérable et devint un best-seller : *La Mort intime* (Robert Laffont), sur l'accompagnement des malades en fin de vie, préfacé par François Mitterrand, qui mourrait quelques mois plus tard. Mylène commentait : *« J'ai beaucoup aimé ce livre. La mort m'a hantée pendant longtemps. Elle ne m'obsède plus de la même façon, grâce à ce livre, et aussi au* Livre tibétain de la vie et de la mort » (de Sogyal Rimpoche, La Table ronde).

On sait enfin que Mylène Farmer, qui avoue souvent vivre en recluse, ne fréquenter quasiment personne, et ne jamais sortir dîner en ville, a noué des liens personnels avec des écrivains. Amélie Nothomb, amatrice de chansons puisqu'elle vient d'écrire les textes de celles du premier album de la jeune Robert. Salman Rushdie, qu'elle a rencontré à New York à la fin des années 90. Ils sont devenus amis, et ont travaillé ensemble pour la B.O. du film de Raoul Ruiz *La terre sous les pieds*, adapté d'un roman de Rushdie. L'écrivain anglais qui, depuis ses *Versets sataniques,* est devenu expert en la matière, dit de Mylène qu'elle est *« un ange déchu »*. Elle serait aussi très proche de Marc Lévy, dont elle a orné la couverture et la quatrième de couverture du deuxième roman, *Où es-tu ?*, publié en 2001 chez Robert Laffont, d'un dessin représentant une petite fille triste traînant un baluchon, un ballon rouge au bout des doigts, ballon qu'elle laisse s'échapper au dos du livre. Le roman est d'ailleurs co-dédié *« A M. »*. À noter que, si on connaît son talent d'écriture, Mylène possède également quelques dons pour le dessin, si l'on en juge par ceux, morbides et fantastiques, reproduits au début de l'album *Ainsi soit-elle* (de Philippe Séguy, opus cité). À la fin de *Je te rends ton amour* (sur *Innamoramento*), n'écrit-elle pas : *« Redeviens les contours/De mon seul maître/ Egon Schiele et... »* Apparemment, elle dessine toujours, mais pas les pochettes de ses disques (le loup hurlant à la lune sur celle du maxi-45 tours de *Tristana* n'est pas de Mylène, mais de Yves Hersent), ni des moutons : on sait qu'elle préfère les singes.

Et puis, la nouvelle est en train de faire sensation : Mylène publiera le 22 avril, aux Éditions

Anne Carrière, son premier livre : pas du tout une autobiographie, mais un « conte illustré », *« un conte pas ordinaire pour lecteurs très téméraires »*, dit-elle, intitulé *Lisa-Loup et le conteur*. Le livre est illustré d'une trentaine de dessins de sa plume, proches de ceux du clip animé de *C'est une belle journée*, qu'elle avait dessinés. On nous annonce « un voyage dans l'imaginaire, l'histoire d'une amitié qui comble une solitude », thèmes ô combien farmeriens. L'affaire s'est faite par l'intermédiaire de Suzanna Lea, l'agent littéraire de Marc Lévy responsable également des ventes à l'étranger des livres de Paulo Coelho, auteur que Mylène aime beaucoup, et vedette des éditions Anne Carrière. Aussi, lorsque Mylène chercha un éditeur à taille humaine, qui s'occupe d'elle avec efficacité et discrétion, Suzanna Lea fit naturellement le lien avec Anne Carrière. À l'heure où « nous mettons sous presse », selon l'expression consacrée, on n'en sait pas plus sur ce livre, personne n'en a eu en mains les éléments, Mylène ne semblant guère plus décidée à en faire la promotion qu'elle ne le fait pour ses disques. Mais le livre, déjà très attendu, devrait remporter un gros succès, ne serait-ce que de curiosité. Un premier tirage d'au moins 50 000 exemplaires est prévu par l'éditeur.

5

THE SOUNDS OF SILENCE

Un chanteur, c'est avant tout une voix. Miracle de la voix humaine, avec ses possibilités mécaniques, ses qualités et ses limites, mise au service d'un texte, portée par une mélodie, devant faire bon ménage avec des instruments quelquefois envahissants. Mystérieuse alchimie d'une chanson, réussie quand elle se grave aussitôt dans nos mémoires et qu'on se prend à la fredonner, presque à notre insu. Notre vie est tissée de toutes les chansons que nous connaissons par cœur, certaines évoquant parfois, à notre usage exclusif, un souvenir, une émotion, une douleur, un amour.

Mylène n'est pas une chanteuse puissante, ni Céline Dion ni Lara Fabian (heureusement). Quand d'autres pourraient briser des verres à la seule force de leurs cordes vocales, faire trembler les baffles par le souffle de leur coffre, elle se contente avec sa voix de faire vibrer le cristal. Mylène, ou le frisson dans la moelle épinière, l'onde de plaisir qui sillonne l'épine dorsale. Mylène, chanteuse horripilante, au sens premier. Sensuelle, excitante. Une fragilité de tessiture, des possibilités limitées dont elle joue en maître. A-t-elle pris des cours de chant, comme tant d'autres artistes, élèves de la fameuse Madame Charlot, ou chante-t-elle au naturel ? Ce secret est sans doute le mieux gardé de tous ses secrets.

La voix de Mylène est un instrument dont Laurent Boutonnat, son compositeur exclusif jusqu'à ce qu'elle se mette elle-même à signer quelques musiques sur ses albums récents, a su jouer en maître. Parfois, elle passe un peu au second plan, écrasée par des orchestrations mécaniques très en vogue depuis les années 80, synthétiseurs et boîtes à rythmes caracolantes, batterie très en avant. Sans parler bien sûr de tous ses remixes, où les chansons, là, ne s'écoutent plus, ne sont plus que simple prétexte à danser. N'oublions pas qu'une frange importante du public de Mylène, les jeunes gays en particulier, fréquente assidûment les boîtes. Elle a su s'adapter à leurs goûts.

Sur disque, la production rend tout possible, y compris le virtuel, qu'on lui a parfois reproché. Sur scène, en revanche, sauf à user du *play-back* (ce que quelques fans exégètes ont cru déceler lors du *Mylenium Tour*), impossible de tricher. C'est là qu'un artiste se matérialise, subit l'épreuve du feu. C'est là que Mylène la désincarnée, l'immatérielle, va au contact de son public.

Souvenons-nous de *Rêver*, belle chanson qui figure sur le *Live à Bercy* de 1997. Après une intro au synthétiseur, instrument dominant qui l'accompagnera tout au long, Mylène se lance dans une interprétation qui n'est pas loin du *a capella*.

Le texte est sensible, triste, aérien : « *J'ai rêvé qu'on pouvait s'aimer/Au rythme du vent...* » La voix de Mylène commence, très haut perchée, si haut qu'on se demande comment elle peut tenir. Et dès le deuxième couplet : « *Sa vie ne bat plus que d'une aile* » elle chancelle, trébuche. Elle est au bord des larmes. Moment d'intense émotion, de partage avec un public en extase, qui l'applaudit à tout rompre, puis reprend les paroles à sa place, doucement, gravement.

Moment de communion avec une star qui s'humanise, qui semble descendre un court instant de son piédestal, pour redevenir humaine. Bravement, elle enchaîne et reprend son refrain – les chansons de Mylène sont souvent répétitives, hypnotiques ses mots comme pour mieux les graver dans nos mémoires. Parfois elle pleure, suprême impudeur chez un artiste, et l'on espère que ce ne sont pas des larmes de comédienne.

Chaque fan a l'impression de la toucher enfin, de la consoler et qu'elle le console. C'est ce qui donne à chaque concert de Mylène cette allure de grand-messe plus ou moins païenne, de catharsis collective. Ça fait du bien parce que ça fait du mal. Ce n'est pas un cas unique, mais le public de Mylène, abondamment filmé dans ses clips en *live*, prend là tout son relief, toute sa force. Comme dans une relation sexuelle, chacun donne de l'amour et en reçoit de l'autre. Jusqu'à l'extase (l'orgasme), la retombée inévitable, la fin de la chanson, puis la fin du show. Toujours douloureuse.

Pour ses fans, Mylène est Mylène jusque dans ses silences, ses respirations, ses soupirs. Ils sont comblés pour quelque temps d'avoir respiré, durant deux heures, le même air qu'elle. D'avoir partagé avec elle les mêmes airs, qu'ils connaissent. Par cœur : les mots ne mentent pas. Pour eux, les mots de Mylène viennent du cœur, de l'âme, non de la gorge. Elle est une voix, presque issue d'un autre monde. Celle d'une idole, qu'ils vénèrent avec ferveur. À laquelle ils se vouent, exclusivement, cœur, corps et âme. C'est sans doute ce qu'elle attend d'eux, fière et tétanisée à la fois, quand elle chante en public. Quitte à se murer ensuite, durant de longs mois, dans son silence.

6

UN MONDE EN CLIPS

Dès les tout débuts de la carrière de Mylène Farmer, Laurent Boutonnat et elle vont avoir un coup de génie : miser à fond sur le clip, ce mini-film promotionnel hérité des vieux scopitones, où la plupart des artistes se contentent, à l'époque, de se faire filmer en train d'interpréter leur tube du moment. En ce milieu des années 80, l'art du clip est encore balbutiant en France. Laurent Boutonnat, qui capitalise sa formation de cinéaste, va contribuer à lui donner ses lettres de noblesse. Certes, les clips de Mylène Farmer vont servir commercialement ses chansons, les populariser, asseoir leur audience, c'est là leur fonction première, ainsi que de stariser la chanteuse. Mais, assez rapidement, ils vont devenir des objets d'art à part entière, des courts-métrages avec un vrai scénario, un budget conséquent et une durée hors-normes (jusqu'à dix-sept minutes trente pour *Pourvu qu'elles soient douces*), qui pourront vivre de leur existence propre. Dans lesquels, à la limite, la chanson passe au second plan. Mais, volontiers provocateurs (nombre des clips de Mylène seront censurés sur les chaînes de télévision), ils vont surtout créer autour de Mylène un univers fantasmatique, avec ses thèmes récurrents, son mystère, qui va trouver rapidement un écho hors du commun auprès des fans. D'autant plus que la chanteuse ne se montre guère, ne donne rien d'autre d'elle à ses fans. À leurs yeux, elle s'identifie totalement avec le personnage qu'elle joue dans ses clips, où ils s'échinent à trouver des symboles, des allusions à son existence réelle, à son histoire authentique. À la limite, la vraie Mylène Farmer devient un personnage virtuel, qui n'a de vie que dans ses clips. Mylène, dans une interview à Michel Drucker sur le plateau de Studio Gabriel, en 1995, reconnaîtra leur impact, tout en le relativisant : *« Mes clips ont sans doute été à l'origine de mon succès, oui. Mais c'est un tout. Il y a les clips, la musique, les mots. »* Explorons-donc le monde des clips imaginé par Mylène Farmer, Laurent Boutonnat, puis d'autres réalisateurs.

Maman a tort, première chanson interprétée par Mylène Farmer en 1984, bénéficie déjà d'un clip signé Laurent Boutonnat. Réalisé avec des moyens modestes, d'une durée équivalente à celle de la chanson (3'50), on y voit, en une succession de plans fixes, une Mylène châtain foncé sur fond de voie lactée chanter sa bluette impertinente : *Maman a tort*, avec son histoire d'une petite fille dans un hôpital psychiatrique, qui tombe amoureuse de son infirmière, exprime la révolte d'une enfant contre le monde des adultes et ses conventions, en particulier sexuelles. On remarque que le clip débute sur une photo de Sigmund Freud...

Plus grandir, réalisé en 1986, et qui dure déjà 7'40, peut être considéré comme le premier court-métrage du tandem Farmer-Boutonnat. Mylène, toujours châtain, pousse un landau dans un cimetière à l'automne. Son nom et le titre de la chanson apparaissent sur une tombe. En flash-back, on la retrouve dans un monastère en gamine mystique et cruelle, priant la vierge mais torturant sa poupée. Puis un homme lui fait l'amour, au grand scandale de bonnes sœurs qui regardent la scène à travers une fenêtre, puis viendront l'exorciser. À la fin, Mylène est très vieille, et l'on revient au cimetière. La boucle de l'existence humaine est accomplie. La symbolique est assez claire, confirmée par le refrain : *« Plus grandir pour ne pas mourir. »*

Le clip sera, déjà, censuré sur certaines chaînes, à cause des références à l'univers religieux, jugées blasphématoires. Mylène et Laurent exploiteront abondamment cette veine, la mystique chrétienne (et ses dévoiements : sorcellerie, exorcismes, transgression, blasphème, meurtres rituels, toute une panoplie « gothique » assez à la mode dans les années 80, héritée du romantisme noir anglo-saxon du XIXe siècle et remise en vogue par plusieurs groupes de rock, plus ou moins « hard ») nourrissant leur imaginaire.

Libertine, qui date de 1986 et dure 10'50, est plus ambitieux que le précédent. C'est un peu la matrice d'autres clips à venir *(Pourvu qu'elles soient douces*, sous-titré *Libertine II)*, et même de *Giorgino.* Au XVIIIe siècle, époque de prédilection du duo, on voit une Mylène, devenue rousse « mangue », habillée en homme, tuer dans un parc un homme en duel, puis s'enfuir sur un cheval blanc. Suit une scène d'orgie. Mylène se retrouve dans sa baignoire avec deux autres filles nues. On joue gros jeu. Un homme la suit dans sa chambre et lui fait l'amour. On la voit nue. Mais la femme de son amant arrive comme une furie et se jette sur Mylène. Il la sauve, et ils s'enfuient, montés sur le même cheval blanc. Mais les autres leur tirent dessus, et ils tombent, morts. Si l'on voit bien l'ambiance Régence qu'a voulu créer Boutonnat, le lien avec la chanson, qui passe quasiment au second plan, est difficile à établir. À l'avenir, le même système sera amplifié, le clip prenant de plus en plus d'autonomie par rapport à la chanson.

Tristana, référence au film homonyme de Luis Buñuel (sorti en 1970), paraît en 1987. Avec ses 11'30, c'est une variation sur l'histoire de Blanche-Neige et les Sept nains, transposée dans la Russie de la Révolution d'Octobre. Les dialogues sont d'ailleurs en russe. Quelque part en Russie, donc, c'est l'hiver, il y a de la neige. Une méchante princesse-sorcière est jalouse de la beauté de Tristana. L'homme qu'aime Tristana, Raspoutine, est poursuivi par un pope et des soldats, qui lui tirent dessus. Elle s'enfuit, est recueillie dans une espèce de Cour des Miracles, puis par les Sept nains. On voit des images de la Révolution d'Octobre, une photo de Karl Marx. Mais la sorcière la retrouve, lui fait manger la pomme empoisonnée. Tristana est-elle morte ? Raspoutine l'emporte, et on la voit jouer et rire dans la neige. Tristana est-elle vivante ?

Sans contrefaçon, sorti également en 1987, qui dure 8'30, restera dans les esprits comme une illustration de l'ambiguïté sexuelle, les paroles de la chanson étant pour une fois plus explicites que les images du clip, nébuleux et compliqué, dont le rythme, très lent, s'accorde assez mal à celui, sautillant, de la musique. Dans un univers hors du monde, à une époque non définie, mais dans la brume au bord de la mer, un marionnettiste et sa créature (Mylène) rejoignent une troupe de saltimbanques qui les recueillent. Mais les hommes jouent méchamment avec la marionnette. Une femme (interprétée par Zouc) s'enfuit avec elle, qui devient vivante. Le marionnettiste l'aime, l'embrasse. Puis les saltimbanques s'en vont, et les deux protagonistes restent seuls au bord de la mer... On peut voir dans cette histoire ténébreuse une variation sur l'histoire de Pinocchio (encore Walt Disney).

Ainsi soit je, qui sort en 1988, est presque un clip « classique », en tout cas assez en retrait par rapport aux précédents. Il ne dure que 5'10 et la chanson, pour une fois, passe au premier plan. Là encore, une ambiance à la Walt Disney (genre Bambi), l'hiver, la neige, le blizzard, une chouette et une biche sous la lune. On y voit beaucoup Mylène, nue sous la lune, à la balançoire, ou sous l'eau, chanter sa chanson.

Pourvu qu'elles soient douces (Libertine II), qui date de 1988, est, avec ses 17'30, le film le plus ambitieux de Boutonnat, celui où il atteint le sommet, les limites aussi du genre de clip qu'il a inventé. En 1757, donc, une armée anglaise qui marche vers la Prusse découvre une Mylène habillée en homme, blessée. Ils s'aperçoivent qu'ils se trouvent en France, pays avec qui l'Angleterre est en guerre. Leur chef recueille Mylène qui dort en suçant son pouce. Dans sa tente, il lui découvre les fesses. Nue sous son uniforme, elle refuse ses avances, et s'enfuit, sur l'inévitable cheval blanc. Il la poursuit, la rattrape, la ramène. Ils font l'amour, d'une façon qui fera passer la chanson pour une apologie de la sodomie, mais rien n'est montré. Seul le texte l'évoque, non sans humour... Des femmes françaises débarquent au camp, font la fête avec les soldats, afin d'endormir leur vigilance. En fait, elles préparent l'attaque des Français. Une femme assassine le capitaine anglais. Mylène la rattrape. Elles luttent sauvagement dans la boue et Mylène finit par l'embrocher à la baïonnette. La bataille tourne au massacre des Anglais. À la fin, on voit un jeune tambour manquer se faire tuer. Mais Mylène, allégorie de la mort, le prend sur l'encolure de son cheval, noir cette fois-ci, et l'emmène *« vers la vie »*... Symbolique à la fois lourde et convenue (la mort n'est pas la mort, mais une autre vie), érotisme libertin, retour de thèmes récurrents (les autres femmes, en général, en veulent méchamment à Mylène), beaucoup d'hémoglobine... Et la chanson dans tout ça, avec ses paroles coquines, sa musique dansante ? Elle passe nettement à l'arrière-plan, comme écrasée par la super-production boutonnienne.

Sans logique, qui sort en 1989, présente un univers inspiré des tableaux de Goya, avec des images de Greta Garbo, « la Divine », un des modèles revendiqués de Mylène. Dans une sierra aride, Mylène et un jeune Espagnol (pas très viril) s'aiment et pratiquent l'échange rituel de leurs sangs. Une représentation théâtrale se prépare, à laquelle assistent aussi bien des jeunes que des personnes plus âgées, qui ne paraissent pas s'entendre bien entre eux. Mylène monte sur scène, coiffée d'une couronne aux cornes d'acier, jouant le taureau dans l'arène face au matador, interprété par son amoureux. Le public apprécie. Le taureau est mis à mort par l'épée. C'est alors qu'une petite fille avec un crucifix apparaît, va rejoindre ses grands-parents dans l'assistance. Mylène, prise d'une folie furieuse, charge alors le torero et le tue. Glacée d'effroi, l'assistance s'en va. Mylène reste seule à contempler l'agonie de l'homme qu'elle aimait. On cherche en vain le rapport entre cette espagnolade et la chanson, hormis le thème du Malin qui s'empare d'un esprit « *angélique* ».

À quoi je sers, paru en 1989, est un clip assez déprimant et en noir et blanc : on y voit Mylène, traversant des marécages dans le brouillard et dans la barque d'un inquiétant nautonnier. Elle finit par accoster. Il s'en va. Sur la berge, elle est accueillie par tous les personnages de ses clips précédents... Une sorte de bilan triste d'une première époque, une pause angoissée après son premier contact avec la scène. Avant la renaissance.

En 1990, Mylène sort deux clips atypiques, extraits de son spectacle à Bercy : *Allan*, chanson-hommage à Poe, avec à la fois des images de sa vie et des allégories (cheval mystérieux, photo de Poe se consumant dans un cimetière) ; et la reprise de *Plus grandir*, dont le nouveau clip, au rythme assez frénétique, est en fait le live « monté » de la chanson sur scène.

Pour *Désenchantée*, qui sort en 1991, Boutonnat renoue avec la super-production. 10'05, des costumes signés Mugler, et Mylène est cette fois-ci rousse couleur poil de carotte. Nouveau look, second souffle à sa carrière, son nouvel album ne s'appelle-t-il pas *L'Autre* ? C'est encore l'hiver, la neige, la guerre (la Seconde Guerre mondiale, si l'on en juge par les uniformes des soldats). Mylène, au début, est lynchée par des gens, à coups de boules de neige puis de cailloux. Ensuite, elle se retrouve dans un camp de prisonniers, où elle fume une cigarette avec un gamin. À la cantine, devant la nourriture infecte, elle se révolte, et entraîne tous les autres dans une rébellion. Ils mettent le feu au camp, s'enfuient, massacrent les soldats ennemis (allemands ?). Ensuite, on la voit courir dans la neige à la tête des révoltés en armes. Au loin, on distingue quelque chose : silhouettes d'une armée en ordre de bataille ? À la fin, les mutins se mettent eux aussi en ligne... et c'est tout. On n'en saura pas plus. Clip ambitieux pour l'une des grandes chansons de Mylène dont, encore une fois, le lien avec le film est plus que ténu.

Avec *Regrets*, qui sort en 1991, Boutonnat revient à quelque chose de plus classique, un court film en noir et blanc (6'14), où jouent Jean-Louis Murat et Mylène. Il débarque d'un vieux tramway, sur fond de brouillard, de neige et de vent, entre dans un cimetière au milieu d'une forêt, un bouquet de fleurs à la main. Mylène est là. Ils se promènent main dans la main, gaiement, s'embrassent, dansent dans le cimetière. Puis elle s'en va dans le brouillard. Il s'en retourne avec son bouquet de fleurs, reprendre son tramway.

Je t'aime mélancolie, daté de 1992, illustre cette dichotomie entre le texte, gentillet mis à part une allusion à « *une sauvage née* », et son clip. Cette fois, durant 5'10, Mylène alterne un combat de boxe où elle lutte contre un beau gars aux faux airs de Rocky (en plus svelte), qui se terminera en un face-à-face furieux, mains nues, façon boxe thaïe, et des scènes de danse où, en body sexy noir de chez Jean-Paul Gaultier et gants de boxe, elle entraîne une troupe de danseuses. Chorégraphie à la Madonna, pourrait-on dire. À la fin, les coups pleuvent, l'arbitre est mis K.O., et Mylène parvient à balancer son adversaire par-dessus les cordes du ring. Victoire. Elle éteint une bougie, reste le noir. Et c'est tout.

Beyond my control, sorti en 1992, dernier clip signé Boutonnat pour quelques années, est un petit condensé (4'55) des obsessions du couple, bien ténébreux. Il y a d'abord la présence de loups. Puis, tandis que Mylène en sorcière brûle dans les flammes, un homme fait l'amour avec une femme, qu'on voit nue. Jalouse, Mylène tue l'homme, qui sera dévoré par des loups, tandis qu'elle et lui s'embrassent dans une mare de sang. On ne sait qui dévore qui. Ce clip, qui mêle sexualité et cannibalisme, provoquera le plus violent rejet essuyé par Farmer et Boutonnat dans toute leur carrière. Il sera censuré sur toutes les chaînes ou presque. On comprend pourquoi.

À cette date, on peut considérer que Laurent Boutonnat est allé jusqu'au bout de ses fantasmes, de son inspiration, de sa technique également. D'autre part, il s'investit pleinement dans la préparation de *Giorgino*.

Ceci explique que *Que mon cœur lâche*, dernier clip de cette partie de la carrière de Mylène, ait été tourné en 1992 par Luc Besson, un cinéaste dont le tandem se sent proche. Besson fait de Mylène une espèce d'ange, envoyé en mission sur terre afin d'y enquêter sur l'amour entre les hommes et les femmes. À peine arrivée, elle en découvre les extrêmes : un jeune couple qui se touche à peine, ou une partouze multi-échangiste dans une discothèque subtilement nommée Q ! L'ange abandonne son apparence, se mue en femme fatale, et se jette au cœur de la luxure...

Les puristes considèrent que les clips tournés par Mylène pour ses deux derniers albums, *Anamorphosée* et *Innamoramento*, sous la direction de différents metteurs en scène (dont Laurent Boutonnat), n'égalent pas, en charge émotionnelle, en intensité dramatique, en poids de fantasmes, les premiers signés exclusivement Boutonnat.

XXL, qui sort en août 1995, est signé Marcus Niespel. Tourné à Los Angeles dans une ambiance à la Steinbeck, on en retiendra surtout la performance de Mylène, figure de proue attachée à l'avant d'une locomotive qui servit autrefois pour un film de Charlie Chaplin. « *Je suis réellement restée attachée cinq heures à l'avant de ce train,* racontera Mylène, *qui allait parfois très très vite. C'était assez éprouvant.* » On veut bien la croire.

Marcus Niespel enchaîne avec *L'instant X*, tourné à New York. Dans une ambiance de fin du monde, une Mylène femme fatale se roule dans un océan de mousse qui envahit petit à petit toute la ville (New York ?), jusqu'à submerger ses gratte-ciels. Une parabole qui fera se déchaîner les fantasmes des fans les plus allumés : la mousse serait une allégorie du sperme dans lequel se noieraient nos modernes Sodome et Gomorrhe. Mylène suscitant et régentant cette marée ! Passons.

En 1996, c'est Abel Ferrara qui est recruté pour *California*, un clip presque classique. On y voit une Mylène fille de petite vertu, cornaquée par un souteneur black, s'offrir à des Noirs. Puis, une autre Mylène, plus poule de luxe, part en Jaguar avec un homme. Ils se rendent à une réception dans les quartiers chauds de la ville, là où tapinent des filles, accueillis par les flashs des photographes. Elle fume une cigarette, puis se rend aux toilettes où elle se change, remettant ses habits de prostituée du début, et rejoignant ses congénères sur le trottoir. À la fin, elle meurt, et des flics emportent son corps.

En 1997, retour de Marcus Niespel, avec *Comme j'ai mal*. Ses derniers clips de cette période 1997-1998, sont des enregistrements live de chansons interprétées à Bercy : *Rêver*, *La poupée qui fait non* en duo avec Khaled et *Ainsi soit je*.

Pour *L'Âme-Stram-Gram*, premier clip d'*Innamoramento*, Mylène a décidé de frapper un grand coup : elle (et sa production) fait appel au réalisateur chinois Ching Siu Ting (auteur, notamment, de *Histoires de fantômes chinois*), et le film sera tout naturellement tourné sur la Grande Muraille. Située dans une Chine de fiction, c'est l'histoire de deux jumelles, Mylène et son double, qui vivent paisiblement, quand leur monde se voit déchiré par la violence. Elle retrouveront le bonheur et la paix de l'âme dans leur amour réciproque, et iront jusqu'au suicide. Inutile de dire que ce film, totalement atypique dans la clipologie de Mylène Farmer, a pas mal dérouté (par sa technique cinématographique orientale notamment) et ouvert le robinet à des gloses psychanalysantes assez réjouissantes de la part des fans les plus inspirés...

Je te rends ton amour, qui lui fait suite, sorti en 1999 et tourné par François Hanss, revient à un format plus normal (5'08) et à un univers déjà maintes fois exploré par le duo Farmer-Boutonnat. L'histoire est tout sauf claire. Mylène y joue une fille qui, poursuivie par un homme au sortir d'une caverne, se réfugie dans l'église d'un couvent. Elle lit sa Bible en braille. Se rend au confessionnal, où la retrouve un homme qui l'agressera sexuellement et dont on découvrira qu'il s'agit d'un moine. Comme une religieuse qui renonce à ses vœux, elle rend son alliance face au Christ en croix. Ses mains saignent, comme frappées de stigmates. Elle se roule nue dans son sang. Tout cela esquissé plutôt que montré, mais le mélange du blasphème et de l'hémoglobine produisent leur effet habituel : le clip est censuré par le CSA. Mylène le sortira néanmoins en cassette vidéo single, dont les bénéfices de la vente seront reversés à l'association Sidaction.

Souviens-toi du jour, de Laurent Boutonnat, tourné en 1999, met en scène une Mylène féerique, vêtue d'une robe blanche brodée de traînes de perles et de plumes, chaussée de ses habituels escarpins transparents, qui, dans une espèce d'appartement très déco, chante tranquillement sa chanson tandis qu'autour d'elle tout flambe.

Optimistique-moi, réalisé en 2000 par Mylène elle-même, se déroule dans un cirque un peu bertolt-brechtien, sans public, mais dont on nous montre chacun des artistes. Mylène, elle, est une funambule qui traverse le cirque tout là-haut sur son fil, puis descend et marche sur un gros ballon, lequel se dégonfle. Elle tombe dans les bras d'un jeune illusionniste en smoking noir, qui la fait entrer dans un coffre qu'il transperce d'épées. Escamotée, Mylène a disparu lorsqu'il l'ouvre, et des colombes blanches s'en échappent. Elle, pendant ce temps, file sur une route de campagne, debout les bras en croix juchée sur un tas de paille.

Innamoramento, co-signé en 2000 par Farmer et Boutonnat, n'est pas leur clip le plus inventif : on voit en alternance Mylène dans un joli paysage champêtre ensoleillé, rêvant la tête dans les fougères, s'abritant contre un tronc d'arbre, ou marchant non loin d'un lac, tandis que son double beaucoup plus sophistiqué est filmé *live* en train d'interpréter sa chanson sur la scène de Bercy, devant ses fans extatiques.

Pour *Les mots* (2001), Laurent Boutonnat s'est inspiré du *Radeau de la Méduse*. Mylène et Seal sont pris dans une effroyable tempête. Lui, torse nu, elle dans une petite robe noire déchirée genre pauvresse. Ils chantent. Parfois, il l'enlace dans ses bras puissants. Mais la tempête redouble. Seal tombe à la mer. Mylène essaie de le sauver, en vain. Il se noie, meurt. À sa mémoire, elle craque puis souffle symboliquement une allumette.

Pour *C'est une belle journée* (2001), Mylène a imaginé et réalisé un dessin animé, un genre qu'elle affectionne, et qui nous plonge dans un univers enfantin. On y voit une adolescente chez elle, dans son environnement familier, sa chambre, la salle de bains ou la cuisine, avec des animaux, chiens réels ou en peluche. Elle prend un bain, se perche sur le frigo, rêve allongée dans son lit, ou bouquine couchée par terre. Apparaît une petite fille, d'abord la tête en bas dans un miroir (Alice ?), puis sur ses pieds, qui tient à la main un ballon rouge. Tout finit dans une espèce de tourbillon, tandis que le soleil brille par la fenêtre, et que s'affichent ces mots : « *À suivre.* » À noter que le dessin de la petite fille au ballon rouge sera offert à l'ami de Mylène, Marc Lévy, pour orner la couverture et la 4e de couverture de son roman *Où es-tu ?*, sorti en 2001, comme la chanson et le clip.

Pardonne-moi (2001) est un clip très dépouillé, loin des super-productions farméro-boutoniennes oniriques des débuts, et même de *L'Âme-Stram-Gram*. Sur fond de nuages, de fumées et de vent, une Mylène en robe noire décolletée qui montre le haut de sa poitrine chante sa chanson qui évoque tous les princes qu'elle a aimés et dont elle implore le pardon. Parmi eux, un prince arabe, homme bleu du désert enturbanné dont on ne voit que les yeux, chevauchant un cheval noir, apparaît à plusieurs reprises. Ainsi qu'un serpent menaçant, une vipère à la langue sifflante, à un moment. Mais rien ne se passe. À la fin, apparaît une autre Mylène, en robe noire plus sage, qui marche, danse dans le vent, jouant avec sa longue chevelure...

On peut constater que les récents clips de Mylène, à l'exception de *Je te rends ton amour*, se sont nettement assagis par rapport à ceux de ses débuts. Plus courts, moins d'histoires complexes, de films de genre en costumes. En revanche, les chansons elles-mêmes, autrefois un peu escamotées, y sont plus présentes. Souvent, contrairement aux premiers, on l'y voit chanter. Il évident également que, en alternance avec Laurent Boutonnat, signataire exclusif de tous ses clips jusqu'à *Beyond my control* (1992), l'appel fait par Mylène à d'autres réalisateurs, célèbres ou moins connus, et aux univers très différents, a nettement renouvelé le sien. Il l'a banalisé aussi : depuis *Innamoramento*, ses clips sont un peu fades, n'ont plus rien de choquant, de scandaleux, de décalé et, partant, tranchent beaucoup moins qu'avant sur le reste de la production. Désormais, les clips de Mylène se contentent de servir ses chansons, ils ne les écrasent plus, et ne peuvent plus être considérés (sauf peut-être celui de *L'Âme-Stram-Gram*) comme de vrais courts-métrages cinématographiques, des œuvres d'art autonomes.

À moins que, pour le prochain album...

7

GIORGINO, UN ÉCHEC SUR GRAND ÉCRAN

Avant d'être un compositeur, Laurent Boutonnat est un homme d'images, qui a débuté adolescent comme cadreur, avant de réaliser à dix-sept ans son premier court-métrage, *La ballade de la fée conductrice*, déjà remarqué par la critique à cause de la noirceur du scénario, et de la violence des images. Il voue une passion au cinéma classique et romantique, avec une prédilection pour les films-fleuves de réalisateurs qui aiment à privilégier l'esthétique, les plans interminables, la psychologie des personnages : Sergio Leone, Bergman, Losey, Tarkovski, mais surtout David Lean, dont *Lawrence d'Arabie* est le film-culte du tandem Farmer-Boutonnat. Sur une photo de Mylène prise dans sa loge quelque part, le scénario de *Lawrence d'Arabie* est posé contre le miroir, non loin de la bombe de laque à cheveux...

Dès 1978, Laurent Boutonnat avait rêvé de réaliser *Giorgino*, dont il avait écrit en 1986 une première version du scénario. Mais son travail auprès de Mylène Farmer l'avait amené à différer son projet, et leurs clips, conçus comme de vrais courts-métrages, lui permettaient de patienter, tout en perfectionnant son métier de réalisateur. À ce titre, on peut considérer ceux de *Libertine* (1986), de *Tristana* (1987) et de *Pourvu qu'elles soient douces* (*Libertine II*, 1988), qui durent chacun plus de dix minutes (plus d'un quart d'heure pour le troisième), comme des galops d'essai. En 1992, il s'attelle à son grand projet, et réécrit son scénario. Le montage financier est réalisé grâce aux économies du couple co-producteur, aidés de Polygram (la maison-mère de Polydor), du CNC et de Canal +. Après la sortie du film, Boutonnat en rachètera les droits d'exploitation.

Le tournage débute à l'hiver 1993, en Slovaquie, et les derniers plans seront tournés en studio, à Prague. Le film, avec un casting international (Frances Barber, Louise Fletcher, Jeff Dahlgren, Jean-Pierre Aumont et Mylène Farmer), et des milliers de figurants, sera tourné en anglais. *« Mais ça aurait pu être n'importe quelle autre langue »*, commentera Mylène. Il semble que le tournage ait été long et pénible, ce que confirmera Boutonnat : *« J'avais l'impression d'être fou, dans un autre monde. J'aurais pu tuer froidement quelqu'un !* » Mylène, quant à elle, assurant avec professionnalisme la promotion de *Giorgino* chez Guillaume Durand à LCI au moment de sa sortie, dira : « *C'est très difficile pour moi d'expliquer ce monde-là. Ce film ne m'appartient pas, c'est celui de Laurent Boutonnat. Quant à dire s'il l'a écrit pour moi, je ne sais pas.* » Toujours est-il qu'elle ajoute : « *Après le tournage, j'ai eu envie de tout abandonner. Aujourd'hui, j'ai envie de retourner vers l'écriture, mon écriture.* » Ce qu'elle fera, après son exil américain, avec l'album *Anamorphosée* (1995). Il semble que le couple n'ait pas bien résisté à l'aventure, et à son échec cuisant : sorti dans les salles françaises en octobre 1994, *Giorgino* n'y restera que trois semaines, totalisant à peine 60 000 entrées.

Il est assez aisé d'en comprendre les raisons : sa longueur d'abord, près de trois heures (quatre à l'origine !) ; et l'absence d'un vrai scénario, d'une histoire tangible. En fait, *Giorgino* n'est que l'interminable développement des fantasmes de Boutonnat, comme un clip étiré à l'infini, tellement chargé de symboles, d'allusions ténébreuses, dans une atmosphère si pesante, que la patience du spectateur – fût-il fan inconditionnel de Mylène – est mise à rude épreuve. D'ailleurs, celle-ci n'y joue qu'un rôle somme toute secondaire, et peu bavard, l'essentiel du film reposant sur les épaules du musicien et comédien débutant, le beau Jeff Dahlgren, dont la prestation n'a guère été épargnée par les critiques ! Depuis *Giorgino*, Mylène et Laurent n'ont pas récidivé. Et Jeff se contente de jouer de la guitare derrière Mylène.

Giorgino conte l'histoire de Giorgio Voli, un jeune officier-médecin d'origine italienne, qui, à la fin de la Première guerre mondiale, ayant réchappé au gazage à l'ypérite, revient dans sa ville d'origine. C'est l'hiver, il neige, on se bat encore dans les Balkans. Il tousse beaucoup. Il se rend à la Fondation Roux pour enfants « anormaux », où il a travaillé avant la guerre, les bras chargés d'un gros sac de sucres d'orge. Mais la Fondation est déserte, les enfants partis à Mortemont, un village de montagne, recueillis à l'orphelinat du docteur Degrace. Giorgino rachète un cheval noir promis à l'équarrissage, et chevauche jusqu'à Mortemont. Dès son arrivée, il assiste, impuissant, à la mort de Madame Degrace, qui s'est pendue, mais dont on essaie de faire passer le décès pour naturel. Il fait la connaissance de la jeune Catherine, la fille des Degrace, jouée par Mylène Farmer, rousse aux cheveux longs dont la raison paraît quelque peu perturbée. Elle l'embrasse et s'enfuit. Il apprend que tous les enfants sont morts lors d'une sortie aux étangs glacés, sous la responsabilité de Catherine. Se sont-ils noyés dans les marais gelés, ou ont-ils été dévorés par les loups, ces loups qu'on entend hurler sans arrêt, tandis que tombe la neige et que le blizzard souffle ?

Les femmes du village (tous les hommes sont partis à la guerre) accusent Catherine d'avoir tué les enfants, tandis que Giorgino ne cesse de mener son enquête, et de demander : – *« Qu'est-il arrivé aux enfants ? »* Il interroge en particulier le curé unijambiste, qui déplore que quelqu'un ait brisé la tête du Christ de son église. Comme un leitmotiv, revient une comptine chantée par des voix d'enfants : *« Do, ré, mi, fa, sol/Toutes les femmes sont folles/Excepté ma bonne/Qui fait des tartes aux pommes. »* Catherine montre des signes d'égarement. On apprend que le docteur, dérangé également, a été interné à l'asile d'aliénés de Sainte-Lucie, une espèce d'enfer dantesque où Giorgino se rend, mais n'arrive pas à le retrouver. Cependant, Giorgino le rencontre sur la route, qui s'en va avec son cheval, et sa charrette, le plantant là. Giorgino, qui tousse de plus en plus, parvient à regagner leur maison, où on le soigne. Le jour de l'enterrement de Madame Degrace, Catherine est prise à parti par les femmes du village qui la traitent de tous les noms, l'accusent de la mort des enfants, du mauvais œil, et la frappent. Blessée, sanguinolente, Giorgino la secourt. La nuit, tout en lui faisant une piqûre, le docteur fait à Giorgino le récit macabre de la mort des enfants, noyés en dépit des efforts de Catherine pour les secourir. C'est lui qui a retrouvé leurs corps gonflés... Tandis que Catherine dort en suçant son pouce, Giorgino retrouve dans une baignoire la tête du Christ de l'église, et va la remettre à sa place. Dans le cimetière, il rencontre quelques jeunes garçons qui regardent, semble-t-il, des loups dans le lointain, et leurs traces de pattes dans la neige, alors que le curé lui a assuré qu'il n'y a jamais eu de loups dans la région. Giorgino, pâle, fiévreux, de plus en plus mal en point, dit au curé que, le lendemain, il va partir avec Catherine et l'épouser.

La guerre est terminée. Une fête se prépare à l'auberge. Giorgino met son uniforme de lieutenant et s'apprête a y accompagner Catherine. Giorgino embrasse Catherine pour la deuxième fois, et lui fait sa demande en mariage. – *« Pour de vrai ? »* demande-t-elle. Mais Giorgino doit aussi embrasser la perverse Marie, la dame de compagnie de Catherine, et même le docteur Degrace qui joue du piano... À l'auberge, les femmes célèbrent l'armistice. Bien vite, elles sont saoules, et se livrent à une obscène bacchanale, forcent Catherine et Giorgino à boire plus que de raison. Giorgino va voir le curé (qui, n'ayant pas mis sa prothèse, saute à cloche-pied) lequel approuve le mariage et l'informe que tous les hommes du village sont morts à la guerre. Il faut que Giorgino emmène tout de suite Catherine, pour la soustraire à la vindicte des femmes. À l'auberge, Catherine est saoule. Les autres aussi. Une obscène partie de colin-maillard est organisée, avec Giorgino les yeux bandés. Enfin, ils s'échappent, se retrouvent à la fontaine. Giorgino fait monter Catherine sur sa charrette, et ils partent pour Paris. Mais soudain, croyant qu'il l'emmène à l'asile de Sainte-Lucie, elle le frappe, saute en marche et s'enfuit. Toussant comme un perdu, il se lance à sa poursuite. Elle se trouve au milieu d'une mare glacée qui craque sous son poids, et lui avoue : *« Je n'ai pas tué les enfants, c'est les loups »*. – *« Je vous crois »*, lui répond-il. Il la sauve. – *« C'est vrai que vous m'aimez ? Je voudrais être nue contre vous. »* – *« Moi aussi »*. Ils font l'amour dans la neige. Mais, comme il s'apprête à la pénétrer, elle le rejette violemment, il tombe dans l'eau glacée, d'où il ressort transi, gelé. Il erre seul dans la forêt, rencontre un enfant qui s'enfuit, et s'appuie contre un arbre, presque mort de froid. Mais cinq gamins cruels (ceux du cimetière ?) le trouvent et le traînent jusqu'à la route, l'ensevelissent dans la neige en espérant qu'une voiture lui roulera dessus. En fait, il est recueilli, soigné, délire plusieurs jours. S'en sort.

Pendant ce temps, des soldats ramènent au village les corps des hommes tués à la guerre. Révolte des femmes, qui s'en prennent violemment au curé et à Catherine. Celle-ci est emmenée à Sainte-Lucie. Giorgino s'y rend, tombe sur des médecins sadiques qui ne le croient pas lorsqu'il dit être lui-même médecin. Catherine grelotte dans une baignoire d'eau glacée. Giorgino s'empare d'une arme, parvient à délivrer Catherine, et oblige les autres à subir à leur tour le supplice de la baignoire. Ils s'échappent : – *« Nous ne mourrons jamais ! »* et regagnent la maison des Degrace. Mais Catherine se pend. Giorgino la décroche, et lui fait enfin l'amour. Elle revit. Les villageois et le curé abandonnent le village. Catherine et Giorgino retrouvent le docteur Degrace mort. Ils l'habillent, le tirent à cheval et vont l'ensevelir en cortège dans un trou plein d'eau. Catherine arbore une robe flamboyante rouge. Ils s'agenouillent au bord de la fosse. Dernier dialogue : – *« Catherine, je vous aime. – Je vous aime aussi. – Je crois que je vais mourir. – Chut... Embrassez-moi »*. Giorgino s'endort à jamais dans les bras de Catherine. Son cheval noir pénètre dans l'église déserte et s'abreuve dans le bénitier...

À la manière de ses clips, Boutonnat a réalisé un mélo en costumes, long et à gros budget. D'ailleurs, la beauté plastique des images et des décors, la succession des scènes sans véritable enchaînement, la lourdeur de la symbolique, la récurrence de ses fantasmes plus ou moins psychanalytiques (l'agressivité des femmes vis-à-vis de Mylène, le cheval noir mortifère, l'ambiance hiver/forêt/neige/nuit/vent/loups, l'enfance à la fois perverse et innocente, la religion blasphémée...) tout renvoie à l'univers des clips, dont la plupart avaient tendance à écraser les chansons de Mylène, à les charger de trop de sens. Soyons juste, Giorgino n'est pas un navet. Le film ne manque pas de qualités, de poésie. Mais il est encombré d'un fatras kitsch, il dure beaucoup trop longtemps, les dialogues sont, soit inconsistants soit obscurs. Et Mylène semble ne pas trop savoir ce qu'elle fait dans cette galère. De plus, ici, pas de chanson pour la sauver.

Le duo a sans doute bien fait d'arrêter là ses ambitions sur grand-écran. Quant à jouer de nouveau un jour au cinéma, et pourquoi pas une comédie, en 1994 Mylène répondait à Guillaume Durand : *« Si c'est une comédie de Woody Allen, alors j'y cours ! Sinon, je ne pense pas avoir ce talent, ni cette envie. »* On sait qu'elle a toujours fait preuve, vis-à-vis de sa carrière, de lucidité, de sincérité et d'honnêteté intellectuelle. Il est probable qu'elle s'est laissé embarquer dans l'aventure *Giorgino* par Laurent Boutonnat. Elle a eu la sagesse de ne pas récidiver, ni avec lui ni sous la direction d'un autre metteur en scène, et de se concentrer sur son métier d'auteur-interprète. Son vrai métier, même si elle ne manque pas de rappeler qu'elle a pris jadis des cours de théâtre. C'était avant *Maman a tort*.

8

MÉTAMORPHOSÉE

En vingt ans, elle en a fait du chemin, Mylène Gauthier ! Dès ses premiers 45-tours, elle paye de sa personne, et sera presque toujours en couverture de ses disques. Dans la construction de carrière de tout artiste, la reconnaissance visuelle est importante, mais chez Mylène Farmer, où tout repose sur un look, une image d'elle-même fantasmée et projetée vers l'extérieur, elle apparaît indispensable.

Dès *Maman a tort*, Mylène se place sur le terrain d'un érotisme « soft », cheveux sombres, visage triste et combinaison en dentelles. Ensuite, il faut attendre le clip de *Libertine* (les clips sont souvent plus débridés que les pochettes de disques et les booklets) pour la voir rousse et nue, tandis que sur ses disques, jusqu'à *Ainsi soit je*, elle apparaît habillée, ou même pas du tout, dans le cas du single de *Tristana*, où la photo a cédé le pas à un dessin de loup hurlant à la lune... Pour *Ainsi soit je*, nue, elle nous montre une épaule, et à peine le haut de sa gorge pour *Pourvu qu'elles soient douces*, sans oublier une jambe pliée gainée d'un bas blanc en dentelle, retenu par une jarretelle, blanche également. Ici, l'on n'a déjà plus affaire à une post-adolescente perverse, mais à une femme, consciente de son charme et de son pouvoir sensuel sur les hommes. Le clip, encore une fois, ira plus loin.

Jusqu'à *L'autre* (1991) inclus, les singles affichent une Mylène habillée, avec souvent des photos prises en concert *(Allan* ou *Plus grandir)*. Sa seconde métamorphose date du clip de *Désenchantée*, où elle se teint en roux carotte, couleur de cheveux qu'elle a conservée jusqu'à présent. Jusqu'à *Beyond my control* (1992), clips en costumes, et pochettes soft : sur le 45-tours de la chanson, Mylène pose en star hollywoodienne, avec un petit côté Marylin Monroe : en longue robe noire, elle tient à la main ses escarpins. Dans les années qui suivent, Mylène va affirmer son image de femme : dans ses clips, elle joue des rôles de composition, en costumes, ne payant guère de sa personne qu'avec le blasphématoire *Je te rends ton amour* (1999). Paradoxalement, ce sont quelques pochettes de disques qui prennent le relais : pour *Anamorphosée* (1995), Mylène pose en guêpière de cuir et de voile noir, montée sur des chaussures transparentes à semelle compensée. Et pour le best of *Les mots* (2001), elle joue de nouveau le rôle de la poule de luxe, robe de soie rose troussée sur des porte-jarretelles et bas blancs, renouant avec la *Libertine* de ses jeunes années.

À quarante ans, Mylène veut incarner face au monde et aux fans l'image d'une femme à la sexualité libérée, assumée, en recourant volontiers à quelques accessoires éculés censés stimuler les fantasmes sexuels des hommes : cuir noir, bas, porte-jarretelles, lingerie coquine. Elle gagne en sensualité ce qu'elle a perdu d'ambiguïté. Ici, les couleurs sont affichées, le rose, le rouge, le noir. Les photos sont nettes, sans ce *sfumato* artistique des débuts qui contribuait à créer une atmosphère de mystère. On n'est plus dans l'angoisse originelle, mais dans la gaieté épanouie : sur la pochette des *Mots*, Mylène sourit même franchement, de toutes ses jolies dents, ce qui est assez rare !

Sur scène également, son apparence a subi nombre de métamorphoses, mais c'est, à l'instar de quelques stars anglo-saxonnes (Tina Turner ou Madonna), un choix de spectacle : changements de robe à chaque chanson ou presque, conçue comme un « tableau » différent.

En 1989, *Mylène en concert* évoluait dans une ambiance noire, néo-gothique, jouant les Cosette dans des cimetières. Atmosphère s'accordant bien à celle de ses premières chansons. En 1997, le *Live à Bercy* fut perçu comme un éclatement, une libération : la richesse des costumes, la flamboyance des décors, la recherche dans la mise en scène et la chorégraphie transportèrent les fans, et les amateurs de grand spectacle en général. Mylène se faisait volontiers câline, coquine, sensuelle. Le *Mylenium Tour* de 2000, lui, opta délibérément pour la démesure : moins d'humour, de clins d'œil (au vestiaire, les *drag-queens* !), tout pour le gigantisme. Mylène, créature d'un Moloch menaçant, perdait un peu de sa sensualité.

Aujourd'hui, on ne peut imaginer sur quelle voie elle va poursuivre sa carrière, dans la mesure où elle semble être allée aussi loin, au fil de ses métamorphoses, qu'elle pouvait aller, dans la provocation, l'érotisme, la démesure. Qui sait quelle tonalité elle donnera à son prochain disque, et comment elle nous apparaîtra. Poursuivra-t-elle dans l'épure d'*Anamorphosée* et d'*Innamoramento*, ou reviendra-t-elle à plus de flamboyance kitsch ? Ce qui fait la force de Mylène, c'est sa capacité, chaque fois, encore et toujours, de surprendre. Alors, étonne-nous, Mylène !

9

MYLÈNE, LA MADON(N)E DES HOMOS ?

« *Le piquant de la vie est de choquer, quitte à se faire censurer* » : dès les débuts de sa carrière (cette déclaration de Mylène à un journaliste date de 1986, au moment de *Libertine*), le ton est donné. Bien qu'elle n'en ait pas encore écrit elle-même les textes, ce qu'elle fera par la suite, *Maman a tort* (1984, texte de Jérôme Dahan) puis *Libertine* (1986, texte de Laurent Boutonnat), et ensuite *Sans contrefaçon* (1987) et *Pourvu qu'elles soient douces* (1988), textes signés d'elle, définissent les personnages que Mylène Farmer a décidé de jouer dans ses chansons : jeune malade internée dans un hôpital psychiatrique et qui tombe amoureuse de son infirmière, au grand scandale de sa famille, jeune femme libérée, *libertine* au sens du XVIIIe siècle, revendiquant sa singularité, sa liberté sexuelle affranchie de la morale et des conventions, fille-garçon ou garçon-fille, ou encore femme-enfant chantant le bonheur de la sodomie...

Il est évident que cette attitude provocatrice (accentuée par ses clips où elle se déguise volontiers en petit marquis, ou en gamin des rues façon Gavroche) a beaucoup contribué à son lancement, à son succès. En particulier auprès des homosexuels, surtout jeunes et garçons. Mylène ou l'ambiguïté sexuelle suggérée par l'artiste, alors que, dans sa vie personnelle, rien d'affiché ne transparaît. Et qu'elle proclame à qui veut l'entendre qu'au naturel elle est quelqu'un de réservé, pudique, secret. Avec Mylène, on n'en est pas une ambiguïté près, et l'on navigue en permanence entre la réalité supposée (son caractère, sa nature réels), et le mythe, créé et soigneusement entretenu. Quand en 1988, elle montre ses fesses de façon suggestive et invite à se faire prendre dans le clip de *Pourvu qu'elles soient douces*, quand, en 1996, pour son deuxième passage au POPB de Paris-Bercy, elle apparaît sur scène entourée de *drag-queens*, ne caresse-t-elle pas les homos dans le sens du poil ?

« Je sais que je suis portée par la communauté gay, insiste Mylène, *mais il n'y a pas de philosophie là-dedans. La catégoriser, c'est déjà la différencier, et je ne le fais pas.* » Impossible à ranger dans une quelconque catégorie, donc, à part (à l'écart, voire au-dessus)

des autres, ainsi se veut-elle. En revanche, son engagement individuel dans la lutte contre le sida ne se démentira jamais. « *Un concert de Mylène Farmer,* juge le journaliste Francis Cnudde, interviewé pour le documentaire diffusé dans *Plus vite que la musique* sur M6 le 1er février, *c'est une mini* gay pride ! » Il suffit d'avoir assisté à l'un d'eux, ou d'en visionner les vidéos, pour s'en persuader : aux premiers rangs de Bercy, dans la fosse où ils l'attendent depuis des heures, une majorité de garçons, jeunes ou adultes, extatiques, les yeux rivés sur leur idole, reprennent ses mots par cœur, comme un hymne, comme à la messe. Il y a aussi chez Mylène un côté grande prêtresse d'un culte païen : la thématique religieuse, assortie de blasphèmes et de transgressions plus ou moins « gothiques », est une autre de ses dominantes.

Mylène n'est pas la seule artiste à jouir des faveurs du public homosexuel, qui aime en général l'opéra, la chanson, et leurs divas. Tout au moins une frange de ce public, urbain, cultivé, et CSP +, comme disent les instituts de marketing. Avant Mylène, Dalida, Barbara, aujourd'hui Sheila en plein come-back, sont d'autres de leurs idoles favorites. Ainsi qu'en témoignent les rayons bien garnis de la boutique spécialisée *Écoute ce disque*, sise rue Simon-le-Franc, en plein Marais, et mitoyenne d'un *cruising-bar* fameux, le *QG*. Et dont la clientèle est majoritairement gay. Un jeune homosexuel, découvrant et assumant la part féminine qui est en lui, sa sensibilité, peut s'identifier à une artiste comme Mylène, dont les paroles des chansons semblent lui parler de lui-même, le renvoyer à son propre vécu, voire le consoler de son éventuel mal-être : *« Sans contrefaçon/Je suis un garçon »*...

Thomas Doustaly, lui, rédacteur en chef du mensuel gay *Têtu*, qui est un peu l'arbitre des élégances dans la communauté, émettait, toujours dans l'émission de M6, un autre faisceau d'hypothèses... ambiguës : *« Mylène incarne la femme inaccessible, placée sur un piédestal. C'est la mère, la pute, mais aussi la seule femme "consommable" par les gays. »* Mais si l'on peut admettre que la majorité des fans de Mylène soient des homosexuels, qu'on n'aille pas croire qu'elle fait l'unanimité dans ce qu'on a coutume d'appeler une « communauté », terme qui en reflète mal la diversité, d'âges, de milieux, de cultures, de centres d'intérêt. Quant aux femmes, Mylène a bien sûr de nombreuses fans chez les adolescentes. Des lesbiennes, nous n'en avons pas rencontrées, et, en concert, elles se montrent beaucoup plus discrètes que les garçons (dans la société occidentale, même « moderne » et « libérale », l'homosexualité masculine est historiquement beaucoup plus visible, célébrée par nombre de peintres ou d'écrivains majeurs, et partant mieux perçue que l'homosexualité féminine), mais il n'est pas sûr que l'image de « femme-enfant », voire de « femme-objet » véhiculée par Mylène leur plaise beaucoup. Elle a de quoi agacer également pas mal les féministes.

Dans une de ses récentes livraisons, le magazine *Têtu*, encore lui, avait publié, sous la plume du journaliste Patrick Thévenin, quelques lignes peu amènes sur Mylène Farmer, et traité ses fans de *« décérébrés »*. Ce qui lui vaut, dans le numéro de février, cette philippique d'un fan, Marc, fort intéressante : *« Mais quel est donc votre problème avec Mylène Farmer ? Pourquoi tant de haine ? C'est bien dans la mentalité "petite-bourgeoise franchouillarde" de lui reprocher de gagner trop de pognon. (...) On m'avait déjà traité de "pédé", de "tapette", de "raclure", de "sac à sperme", et j'en passe, mais de "lobotomisé", c'est la première fois ! Je ne suis donc toujours et encore qu'une pauvre "folle pathétique" qui fait chauffer sa carte bleue dès qu'un remix de MF sort. À bientôt 34 ans, le cas est désespéré (...). »* Réponse du journaliste, non moins virulente et intéressante : *« Mylène Farmer étant un personnage médiatique, il me semble démocratique de pouvoir m'exprimer, à ma manière, au sujet d'une personnalité dont je vis la visibilité comme une agression. Si certains perçoivent le travail de Farmer comme un summum d'intelligence, tant mieux pour eux. J'ai le droit de ne pas être d'accord, et d'estimer que ses disques auraient leur place dans une poubelle. Pourquoi tous les fans de Farmer tiennent-ils absolument à ce que l'on soit d'accord avec eux ? Parce qu'ils savent bien, au fond d'eux-mêmes, qu'elle ne vaut pas un clou ? Quand* Têtu *évoque des sujets autrement plus graves, on ne reçoit, curieusement, aucun courrier de protestation. (...) En revanche, deux lignes critiques et volontairement provocatrices sur Mylène, et les mails de protestation arrivent en masse à la rédaction, comme si la plus élémentaire liberté des gays était menacée. Voilà ce qui me faisait écrire le mot "décérébré" qui en a blessé beaucoup. (...) »*

Le ton même du débat, les invectives échangées, témoignent que là, comme tout ce qui touche à Mylène, on est dans le passionnel, et non plus dans le raisonnable. Allergie à Mylène chez le journaliste, et mépris pour ses afficionados, considérés comme véhiculant une image intellectuellement nulle des gays. Adulation chez Marc, qui s'est senti insulté dans son identité même. Ceci n'est pas qu'anecdotique. On peut aimer un chanteur, ou une artiste, mais, dans le cas des fans de Mylène Farmer, qu'ils appellent volontiers leur « *Ange* » ou leur « *Madon(n)e* », la dimension est différente, plus puissante, uniquement affective. Comme si, parfois, leur vie même en dépendait.

À ce titre, et bien que hors de proportions puisque Luisa Madonna Ciccone est une star planétaire, les fans de Mylène – qui sont souvent aussi fans de l'artiste américaine – n'hésitent pas à la considérer comme *« la Madonna française »*. Reconnaissant chez elles la même démesure sur scène, une thématique sexuelle et provocatrice commune. La comparaison vaut ce qu'elle vaut. Certes, Madonna a longtemps traîné derrière elle une réputation sulfureuse, jouant la provocation en affichant des penchants lesbiens. Mais elle semble aujourd'hui « rangée », bonne mère de famille qui, si elle le fit un temps, ne blasphème plus la religion, apparaissant plutôt (origines italiennes obligent) de plus en plus pieuse, voire bigote. Mylène, elle, a mis récemment de la spiritualité dans son moteur et, à quarante-et-un ans, préfère jouer les courtisanes (voir la pochette et le *booklet* de son best of *Les mots*) que les Lolitas.

10

PAROLES DE FANS

Fidèle à elle-même, et à son statut d'exception dans le show-biz, Mylène n'a pas de fan-club officiel. Le Mylène Farmer International Fan-Club, qui existait de façon autonome, sans aucun appui de sa part, s'est, pour cela même, sabordé début 2001, et avec lui le magazine qu'il éditait. Mais d'un autre côté, elle ne peut méconnaître la ferveur qu'elle suscite chez ses fans, et elle sait l'entretenir, grâce à des objets de culte (remixes, collectors, tirés à part, objets de promo) savamment mis en circulation. Ses fans, donc, n'ont rien à attendre d'elle, elle ne les encourage ni ne les dissuade. Elle fait les choses, ils suivent. Et ça dure depuis vingt ans. Respect mutuel. « *Mes fans sont relativement discrets*, reconnaissait-elle en 1995 sur le plateau de Jean-Luc Delarue, *même lorsqu'ils sont en bas de chez moi.* » Certes, ils savent tout d'elle (ou le rêvent), y compris son adresse, et, de manière ambiguë (toujours), elle sème à leur attention quelques indices personnels dans ses clips ou ses disques (les dédicaces, par exemple, à son père, à son frère disparus, ou... à son singe). Petits cailloux, petits signes, pour entretenir la flamme des fans.

Étant donné leur nombre et leur importance dans la galaxie Farmer, et leur ferveur, il nous a paru intéressant de donner la parole à quelques-uns d'entre eux, en les invitant à mettre au net, à nous expliquer leur itinéraire personnel, et leur rapport avec leur idole. Bien sûr, il ne s'agit là que d'un petit échantillon, sinon représentatif, du moins remarquable.

*

* *

Arnaud a trente ans. Originaire de Tours, il vit depuis sept ans à Paris, où il travaille dans l'hôtellerie. Il est homosexuel.

« J'ai découvert Mylène à ses débuts, à la télévision, avec *Maman a tort*. À l'époque, elle était encore châtain. C'était une chanson audacieuse, avec un clip un peu *gore* pour l'époque. J'écoutais aussi bien Jeanne Mas que A-ha. Sa personnalité ne m'a pas tout de suite marqué. Mais je m'aperçois que je l'ai toujours suivie, que j'ai grandi avec elle. Je me souviens de ses métamorphoses, quand, au moment de *Libertine,* elle est devenue rousse. Mais c'est le clip de *Tristana*, que j'ai adoré, qui a vraiment déclenché ma passion pour elle. Je me suis mis à acheter tous ses 45-tours, puis les maxi-45-tours, les remixes en vinyle... Ca représentait, pour un jeune, un budget non négligeable. Je l'ai vue sur scène pour la première fois à Bercy, en 1996, je m'en souviens encore. Et j'ai vu trois fois le *Mylenium Tour* en 1999 : j'ai adoré les costumes, la chorégraphie, la mise en scène. Ma passion dure. Bien sûr, aujourd'hui, à trente ans, je ne me ruinerais plus pour acheter un disque rare, comme le maxi-45-tours de *Maman a tort* en anglais, qui vaut 500 euros. À vingt ans, je l'aurais fait. Mais je me suis encore levé à l'aube, il y a quelques mois, pour aller à la FNAC acheter le maxi-vinyle de *Pardonne-moi !* J'ai toujours un CD de Mylène avec moi, dans mon sac à dos. Il ne se passe pas un jour sans que j'écoute au moins une chanson d'elle. Quand je pars en vacances, j'emporte tous mes disques de Mylène avec moi ! Je l'aime pour l'émotion qu'elle suscite en moi. Elle chante la peine que tout le monde peut ressentir, une déprime dont on a parfois besoin. Elle nous aide à pleurer... On l'aime parce que, par nature ou pour des raisons de marketing, peu importe, elle est rare. Je pense que au moins 80 % des fans de Mylène sont des homosexuels. Ses concerts, c'est la *gay pride* ! »

*
* *

Son copain Guillaume, vingt-trois, est originaire, lui, de Clermont-Ferrand. Après des études d'anglais, il vit à Paris et travaille dans un parc de loisirs. Homosexuel également, c'est un excellent connaisseur de la vie et de l'œuvre de Mylène Farmer.

« Mon plaisir à moi, c'est de participer à des "soirées Mylène Farmer". On se réunit à quelques amis, tous fans. On connaît par cœur les paroles de toutes ses chansons, qu'on chante ensemble, en essayant de reproduire ses chorégraphies. Parfois, on se déguise aussi un peu. Pas question de se travestir en Mylène, mais de partager une passion commune, de se faire du bien tous ensemble, en reconstituant un peu, modestement, l'ambiance de ses concerts, que j'ai tous vus bien sûr ».

*
* *

Charlotte a vingt-cinq ans. Elle est originaire de la banlieue parisienne, vit et travaille à Paris, dans la presse.

« J'ai découvert *Maman a tort* à la fin des années 80, parce que la chanson passait dans les supermarchés où j'allais faire les courses avec ma mère. Ce n'était pas de la musique pour les *teen-agers*. Mais ce n'est qu'à l'adolescence que j'ai craqué sur *Ainsi soit je*, *Sans contrefaçon*, *Pourvu qu'elles soient douces*... J'avais acheté une cassette de Mylène qui s'est cassée dans mon walkman à force d'avoir été écoutée ! C'est à cette époque que mes parents ont divorcé, et je crois que les chansons de Mylène, porteuses de désespoir, m'ont aidée à sortir du trou. Je suis donc devenue groupie de Mylène, sans m'identifier à elle, mais parfois jusqu'à l'hystérie : j'ai teint mes cheveux en roux, elle fumait des Peter Stuyvesant menthol, j'en ai fumé, elle aimait la confitures aux myrtilles, j'en ai mangé jusqu'à l'écœurement ! Autour de moi, mes copines d'école, ma prof d'anglais, ma belle-mère, toutes étaient fans de Mylène. Pour mes dix-huit ans, on m'a offert le tee-shirt *XXL*, que je mettais pour dormir. J'ai tous ses vinyles 45 tours, et des collectors, comme la montre *Que mon cœur lâche* ou le single *On est tous des imbéciles*, sa chanson jamais reprise, que j'ai payé à l'époque 1 200 F ! Je n'ai pas un tempérament de fan, seulement pour Mylène. Elle n'a pas une voix à tomber, mais il y a chez elle un texte, que chacun, au-delà des mots, interprète comme il veut, et l'univers qu'elle a su créer autour : une espèce de profondeur glauque. Il y a aussi ses clips, à tomber, comme celui de *Pourvu qu'elles soient douces*. Elle a réussi à donner une image d'elle tellement paumée, déprimée, qu'on l'excuse de nous donner si peu d'elle-même. On lui pardonne, comme à sa meilleure copine. C'est parce qu'elle adopte cette attitude que les fans se raccrochent à ce qu'ils ont. Mylène m'a accompagnée dans ma solitude : quand ça ne va pas, une chanson d'elle, je touche le fond, et ça repart ! Elle m'a aussi ouverte à la poésie, à la littérature, Baudelaire, Poe, puis à Cioran...

Je me suis un peu désaffectionnée d'elle lors de ses derniers concerts, où je me suis un peu ennuyée. Même si je reste fan, je pense que maintenant, il me faut tourner la page, passer à autre chose ».

*

* *

Écoutons encore Marc, le lecteur en colère de *Têtu*, expliquer sa passion pour Mylène :

« Ce qu'on aime, chez Mademoiselle Farmer, c'est l'écouter, la voir en concert ou en DVD, et rien de plus. Peut-être simplement parce qu'on se reconnaît dans ses textes, son mal-être, ses angoisses, sa peur de la mort et, paradoxalement, son désir de mourir, sa peur de l'amour et de ses ravages, et que, parfois, désenchanté de la vie, on ne sait plus trop à quoi on sert sur cette foutue Terre. C'est vraiment trop con, un fan de Mylène ».

*
* *

S., trente ans, vit à Paris. Il a exercé différents métiers dans l'univers artistique (théâtral notamment), mais n'est jamais parvenu à se fixer pour de bon. Dépressif voire suicidaire, il a vécu certaines expériences, toujours dans la douleur : la drogue, ou une homosexualité mal assumée. Il est sorti récemment d'un long séjour en hôpital psychiatrique.

« Je n'éprouve aucune fascination particulière pour la chanteuse Mylène Farmer, je ne l'ai jamais vue sur scène. Ce qui, chez elle, me touche et me parle, ce sont les textes de ses chansons. Dans son univers, tel que ses clips nous le montrent, je me sens chez moi. Mylène, c'est moi ! Je suis toujours, quelque part, un enfant agressé par les adultes et leur monde dégueulasse, et qui ne s'en est jamais remis. J'ai peur de vivre, et j'ai peur de mourir. J'ai essayé de croire en dieu, de pratiquer la religion de ma famille (le judaïsme), mais en vain. Chaque souffrance exprimée par les mots de Mylène, chaque violence subie par elle dans ses films, je m'y reconnais, je la ressens profondément. Et ça me fait du bien, parce que ça me fait mal. Mylène, c'est celle qui met toujours le doigt où ça fait le plus mal, celle qui s'adresse directement à notre âme, d'une façon presque subliminale. Je me passe en boucle certains de ses clips, mon préféré étant *Pourvu qu'elles soient douces*. Et j'aimerais bien, parfois, être à sa place, et m'offrir à un homme... »

*

* *

Émilie a dix-huit ans, elle est élève de Terminale littéraire dans un grand lycée parisien. Elle a un petit copain, Mathieu, à qui elle n'ose pas trop avouer son intérêt pour Mylène Farmer, parce que lui, il aime surtout le *r'n'b*. Elle a peur qu'il la trouve « *ringarde* »...

« Je sais que je suis un peu une exception, si j'en juge par la vidéo de son dernier concert, le *Mylenium Tour* : Mylène touche surtout un public de garçons, souvent mal dans leur peau, pas bien fixés sur leur identité sexuelle. Moi, ça va bien, merci ! Alors, qu'est-ce que j'aime chez elle ? Disons, son courage : quand j'ai écouté ses premières chansons, regardé ses premiers clips, enregistrées et tournés quand je n'étais même pas née, j'ai trouvé ça drôlement gonflé, décapant, provocateur pour l'époque. Et même aujourd'hui, peu d'artistes osent aller aussi loin. En revanche, son côté "gothique", ses blasphèmes me gonflent, et même me choquent un peu. Côté physique, je trouve qu'elle était drôlement bien foutue quand elle était jeune. Elle est encore pas mal, mais je n'aime pas trop son dernier look, celui des *Mots*. Son côté pute, très peu pour moi. Je l'aimais mieux *Libertine*. »

Mathieu intervient :

« – Sans rire, qu'est-ce que tu lui trouves, à ta Mylène ?

– Tu peux pas comprendre ! C'est un truc perso, entre elle et moi.

– En tout cas, c'est à cause d'elle qu'elle a mis *L'Horloge* de Baudelaire, l'année dernière, dans sa liste pour le bac français...

– C'est vrai. J'avais bien aimé la chanson, c'est une de mes préférées. Ca m'a donné envie de lire d'autres textes de Baudelaire.

– Et elle a eu 12 ! Merci Mylène... »

*

* *

Franck, vingt-cinq ans, a été fan de Mylène quand il était adolescent. Aujourd'hui, il s'en est détaché, au point de ne plus bien comprendre ce qu'il aimait, à l'époque, chez son idole.

« Je viens de revendre ma collection de vinyles grâce à Internet, ça m'a fait pas mal de thunes ! Plus que j'aurais cru. En tout cas, c'est la preuve que Mylène, pour moi, c'est bien fini. Du passé. Aujourd'hui, techno à fond ! Il y a quelques années, j'étais mal dans ma peau, j'avais pas de copine, toutes les filles m'envoyaient paître. J'avais les boules. Je restais seul chez moi, des week-ends entiers, et je me mettais à fond, en boucle, les chansons de Mylène. Et souvent, je chialais comme un veau. Ma mère s'inquiétait un peu. Mon père disait : "Ça lui passera. Il vaut mieux qu'il écoute Mylène, plutôt que d'aller dans des boîtes pour boire et fumer, ou se droguer !" Mylène, en quelque sorte, c'était à leurs yeux un moindre mal, et ça m'évitait le psy... Ça a l'air caricatural, pourtant c'est comme ça que j'ai vécu les choses. Et puis, après, j'ai grandi, ça s'est arrangé. Je vis avec une fille que j'aime.

Mylène ne serait-elle qu'une thérapie pour passer le cap difficile de l'adolescence, et ceux qui, passé cet âge, l'aiment encore, ne seraient-ils pas des ados attardés, comme dans sa vieille chanson, là, *Plus grandir* ? Cela dit, je ne regrette rien, j'ai passé de bons moments avec elle, je suis même allé la voir à Bercy en 96. Mais, pour moi, elle est un peu comme une ancienne copine qu'on a perdue de vue. »

*
* *

Internet est évidemment le média propice aux épanchements des fans, aux minutieuses exégèses échangées de l'un à l'autre. Rien que de très convenu. Notons ce couac récent, dû à Thierry, fan visiblement désenchanté. On ne sait si Mylène a eu vent de cette *bronca* de ses fans, si, dans son système, il y a encore place pour la réserve ou la critique.

« Le site Mylène Farmer Milenium est fermé ! C'est la fin d'une passion de 15 ans !

Mylène est devenue une artiste commerciale, qui privilégie le marketing à l'artistique. Le *Mylenium Tour,* et surtout le faux « Live » ont été le déclencheur, le déclic de cette décision, difficile à prendre : la fermeture de ce site.

J'espère que Mylène nous offrira dans le futur des choses nouvelles de meilleure qualité que *L'histoire d'une fée c'est...* ou que la gentille Alizée ! On ne peut pas se moquer de son public trop longtemps : il y a des limites !

Mylène peut-elle encore réagir ? Mylène peut-elle encore innover ? Sait-elle prendre des risques ? Telles sont les questions que de nombreux fans se posent actuellement.

Thierry, un fan déçu ! »

POUR FINIR…

« Et maintenant, que vais-je faire ? »

Gilbert BÉCAUD

« Si un jour on m'oublie, je crois que je disparaîtrai… »

Mylène FARMER

Sauf à mourir très prématurément, par accident, abus de *« sex, drugs & rock'n'roll »*, ou surdose de *taedium vitae* (de James Dean à Kurt Cobain, de Jim Morrison à Jeff Buckley, nos cimetières sont pleins de comètes enfuies), la jeunesse éternelle des rock-stars n'est qu'un mythe littéraire, aussi doux qu'illusoire. Le vrai défi pour un artiste serait plutôt de durer, d'adapter son œuvre à l'inévitable écoulement du sablier. De renoncer progressivement aux excès adolescents (ou post-adolescents) pour entrer dans l'âge adulte, la maturité, puis au-delà. Sans singer ridiculement à cinquante ans ce qu'on faisait à vingt. Certains y réussissent admirablement, comme Julien Clerc, à la carrière impeccable. D'autres frôlent le pathétique, dont nous tairons les noms. Chacun les connaît. Et le public, qui vieillit lui aussi avec ses idoles, même s'il se renouvelle, ne s'y trompe pas. À certains concerts de chanteurs ou de groupes à la longue carrière, on est tout surpris, si l'on a déjà un certain âge, de se retrouver face à des gamins qui connaissent par cœur les mêmes chansons que soi. Indochine, par exemple, qui connaît ces temps-ci un formidable regain de popularité, doit en être, depuis 1981, à sa troisième génération de fans.

Alors, *quid* de Mylène Farmer ? Rappelons que la chanteuse a débuté sa carrière relativement tard, à vingt-trois ans, un âge où d'autres, en particulier nos stars indétrônables des années 60, étaient déjà multi-millionnaires en disques, recrus d'hommages, entrés depuis longtemps dans la légende. Adolescente, Mylène piaffait, attendant le moment opportun pour prouver qu'elle avait du talent (comme dit Charles Aznavour). Alors, lancée par *Maman a tort,* il semble qu'elle ait voulu rattraper le temps perdu, jeter sa gourme, et bâtir sa carrière sur des extrêmes : frapper de grands coups, exprimer toutes ses potentialités, payer de sa personne, laisser libre cours à ses fantasmes. Se construisant un univers sans équivalent, morbide, sulfureux, angoissé et angoissant, propre à séduire, en priorité, des fans plus jeunes qu'elle, qui retrouvaient en elle leur propre personnalité torturée, qui s'identifiaient à une artiste chantant le mal-être, l'ambiguïté, la peur de la vieillesse et de la mort. Un monde nourri de références littéraires noires, de désirs plus ou moins avoués, baignant dans la matrice originelle de la religion catholique, quitte à la transgresser, à la blasphémer.

Mais Mylène, bien sûr, a évolué. Et son inspiration a suivi l'évolution de sa vie, de sa personnalité. On peut raisonnablement penser qu'elle est allée, dans ses clips en particulier, aussi loin qu'elle pouvait aller. Qu'elle ne pourra jamais dépasser *Je te rends ton amour*. Ne serait-ce que parce qu'elle a vu du pays, rencontré d'autres gens, qu'elle s'est libérée, si l'on veut, de son duo exclusif et oppressant avec Laurent Boutonnat. Ainsi qu'en témoignent ses chansons depuis *Anamorphosée*, et ses clips récents, Mylène est passée à autre chose. Tout en conservant ses règles de base, sa légendaire discrétion, elle s'est, d'une certaine façon, « normalisée », « banalisée », diraient certains fans nostalgiques de sa première période.

Même si elle reste une artiste-culte, et que les ventes de ses disques ne fléchissent pas, qui se battrait encore pour acheter sur Internet le supposé paillasson de son appartement parisien, pour quelques centaines d'euros ? Aussi fou que cela puisse paraître, l'anecdote, elle, est authentique (le paillasson, lui, comment le prouver ?), et la transaction a bel et bien eu lieu...

Un certain nombre de signes tangibles nous incitent à penser que Mylène Farmer est actuellement à un tournant de sa carrière. Qu'elle réfléchit, qu'elle prend du recul afin de mieux rebondir. Durer, oui, mais pour faire quoi ? *« Étonne-nous, Mylène »*, réclament ses fans les plus mordus. Dont certains, lassés que leur vénération trouve chez elle aussi peu d'écho, se sont petit à petit déconnectés, désenchantés...

Il y a d'abord eu son *best of*, *Les mots*, sorti fin 2001, le premier de sa carrière, qui n'avait jusque-là donné que des albums originaux et des *live*. Un *best of*, c'est nécessairement un regard dans le rétroviseur, un bilan. Trente chansons, c'est beaucoup pour une Mylène qui, en vingt ans, a peu produit. Notons qu'elle a pris la précaution d'y inclure trois titres inédits, pour tempérer l'effet rétrospectif, rassurer les fans sur la vitalité de son inspiration, et les faire patienter jusqu'au prochain album. Il y a aussi ces clips bien tranquilles, depuis *Innamora-*

mento, histoire de faire passer le message : adieu les outrances, bonjour sagesse. À la faveur de son séjour aux États-Unis, Mylène a découvert d'autres horizons spirituels, elle a troqué son catholicisme exacerbé et transgressé contre une espèce de philosophie des éléments, proche du zen, du bouddhisme. La voici aussi qui assouvit dans quelques semaines un de ses plus vieux rêves, elle qui n'a cessé de confier qu'elle passait plus de temps à lire qu'à écouter le Top-50 : la publication de son premier livre personnel, *Lisa-Loup et le conteur*, où elle a, à n'en pas douter, mis beaucoup d'elle-même, texte et dessins mêlés. Coup unique ou expression d'une autre facette de son talent ? On ne le saura que si elle récidive, et l'on est très impatient de la lire. Les fans aussi, forcément.

Au terme de cette exploration de sa planète, l'auteur de ces lignes n'est toujours pas devenu un gentleman-Farmer. Mais au cours de mon enquête, j'ai beaucoup appris, bien sûr, et, surtout, j'ai découvert la relation hors du commun qui unit, malgré tout, Mylène et ses fans. Même si elle leur donne si peu. Surtout parce qu'elle leur donne si peu. Ca tient du respect, de la vénération, de l'adulation. Les mots nous manquent. Et très très peu d'artistes peuvent s'en prévaloir. À ce titre, Mylène est à peu près unique.

Sans la démythifier – pour qui ?, pourquoi ?- j'ai voulu la décrypter, voire la débarrasser de certains de ses oripeaux kitsch, pour essayer d'analyser ses créations, textes, chansons, clips. J'ai tenté de mettre en lumière un phénomène, qui, durant depuis vingt ans et représentant des millions d'albums vendus, des centaines de milliers de places de concerts achetées, n'est forcément pas anodin. Pas dupe, mais fasciné, ce qui me semble être la bonne attitude pour un journaliste. Pendant quelque temps, je vais laisser de côté mes disques de Mylène. Mais peut-être le lecteur, lui, aura-t-il envie de réécouter toutes ses chansons, maintenant qu'il en possède, et c'était là mon ambition, la plupart des clés. Le plaisir, dit-on, s'approfondit dans la connaissance...

Juignettes-Paris, février 2003.

DISCOGRAPHIE

Ne figurent ici que les disques accessibles au grand public, et non les innombrables remixes et collectors que produit la « machine Farmer » à destination exclusive des fans collectionneurs.

Singles

Maman a tort (1984)

On est tous des imbéciles (1984) chanson « maudite », jamais reprise en album, en live ni en best of.

Plus grandir (1985)

Libertine (1986)

Tristana (1987)

Sans contrefaçon (1987)

Ainsi soit je (1988)

Pourvu qu'elles soient douces (1988)

Sans logique (1989)

À quoi je sers (1989)
Plus grandir (live) (1990)
Désenchantée (1991)
Regrets (1991) en duo avec Jean-Louis Murat
Je t'aime mélancolie (1992)
Beyond My Control (1992)
Que mon cœur lâche (1993)
XXL (1995)
L'instant X (1995)
California (1996)
Rêver (live) (1996)
La poupée qui fait non (live) en duo avec Khaled
Ainsi soit je (live) (1998)
Je te rends ton amour (1999)
Regrets (live) (2000)
Optimistique-moi (2000)
Innamoramento (2000)
Les Mots (2001) en duo avec Seal
C'est une belle journée (2002)

Albums

Cendres de lune (1986) : Libertine, Au bout de la nuit, Vieux bouc, Tristana, Chloé, Maman a tort, We'll never die, Greta, Plus grandir, Libertine (remix spécial club), Tristana (remix club), Cendres de lune (instrumental).

Ainsi soit je (1988) : L'Horloge, Sans contrefaçon, Allan, Pourvu qu'elles soient douces, La ronde triste, Ainsi soit je, Sans logique, Jardin de Vienne, Déshabillez-moi, The Farmer's conclusion.

En concert (1989) : *CD1 :* Prologue, L'Horloge, Plus grandir, Sans logique, Maman a tort, Déshabillez-moi, Puisque, Pourvu qu'elles soient douces, Allan.
CD2 : À quoi je sers, Sans contrefaçon, Jardin de Vienne, Tristana, Ainsi soit je, Libertine, Mouvements de lune (partie 1), Je voudrais tant que tu comprennes, Mouvements de lune (partie 2).

L'Autre (1991) : Agnus Dei, Désenchantée, L'Autre, Je t'aime mélancolie, Psychiatric, Regrets, Pas de doute, Il n'y a pas d'ailleurs, Beyond My Control, Nous souviendrons-nous.

Dance Remixes (1992) : *CD1 :* We'll Never Die (techno remix), Sans contrefaçon (boy remix), Tristana (remix club), Sans logique (illogical club remix), Allan (extended mix), Ainsi soit je (maxi remix), Plus grandir (Mother's live remix), À quoi je sers (club remix).

CD2 : Que mon cœur lâche (extended dance mix), Pourvu qu'elles soient douces (remix club), Libertine (canal sins remix), Je t'aime mélancolie (extended club remix), Regrets (extended club remix), Beyond My Control (Godforsaken remix), Désenchantée (remix club).

Anamorphosée (1995) : California, Vertige, Mylène s'en fout, L'instant X, Eaunanisme, Et tournoie, XXL, Rêver, Alice, Comme j'ai mal, Tomber sept fois, Laisse le vent emporter tout.

Live à Bercy (1997) : *CD1 :* Ouverture, Vertige, California, Que mon cœur lâche, Et tournoie, Je t'aime mélancolie, L'Autre, Libertine, L'instant X, Alice.
CD2 : Comme j'ai mal, Sans contrefaçon, Mylène s'en fout, Désenchantée, Rêver, Laisse le vent emporter tout, Tomber sept fois, Ainsi soit je, La poupée qui fait non, XXL.

Innamoramento (1999) : L'amour naissant, L'Âme-Stram-Gram, Pas le temps de vivre, Dessine-moi un mouton, Je te rends ton amour, Méfie-toi, Innamoramento, Optimistique-moi, Serais-tu là, Consentement, Et si vieillir m'était conté, Souviens-toi du jour, Mylenium.

Mylenium Live (2000) : *CD1 :* Mylenium, L'amour naissant, L'Âme-Stram-Gram, Beyond My Control, Rêver, Il n'y a pas d'ailleurs, Mylène is calling, Optimistique-moi, Medley, Regrets. *CD2 :* Désenchantée, Méfie-toi, Dessine-moi un mouton, California, Pas le temps de vivre, Je te rends ton amour, Souviens-toi du jour, Dernier sourire, Innamoramento.

Les mots (2001) : *CD1 :* Maman a tort, Plus grandir, Libertine, Tristana, Sans contrefaçon, Ainsi soit je, Pourvu qu'elles soient douces, Sans logique, À quoi je sers, La veuve noire, Désenchantée, Regrets, Je t'aime mélancolie, Beyond My Control, Que mon cœur lâche.
CD2 : Les mots, California, XXL, L'instant X, Comme j'ai mal, Rêver, C'est une belle journée, L'Âme-Stram-Gram, Je te rends ton amour, Effets secondaires, Souviens-toi du jour, Optimistique-moi, Innamoramento, L'histoire d'une fée, c'est..., Pardonne-moi.

FILMOGRAPHIE

Mylène Farmer en concert, de Laurent Boutonnat, réalisé par François Hanss, l'un des concerts donné à Bruxelles en 1989 (Polygram Music Vidéo, 1990).

Giorgino, de Laurent Boutonnat, avec Jeff Dahlgren et Mylène Farmer (1994).

VIDÉOGRAPHIE

En concert (1989)
Live à Bercy (1996)
Mylenium Tour (2000)

CLIPOGRAPHIE

Mylène Farmer, Les clips (Polygram Music Vidéo, 1987, 35') : Maman a tort, Plus grandir, Libertine, Tristana.

Mylène Farmer, Les clips, vol. II (Polygram Music Vidéo, 1988, 56') : Sans contrefaçon, Ainsi soit je, Pourvu qu'elles soient douces (Libertine II) + les coulisses du tournage de Pourvu qu'elles soient douces.

Mylène Farmer, Les clips, vol. III (Polygram Music Vidéo, 1990) : Sans logique, À quoi je sers, Allan (live), Plus grandir (live).

Mylène Farmer, L'Autre (Polygram Vidéo, 1992, 40') : Désenchantée, Regrets, Je t'aime mélancolie, Beyond My Control + sur le tournage du clip de Désenchantée.

Mylène Farmer, Music Vidéos III (Polydor/ Universal, 2000, 48') : L'Âme-Stram-Gram, Je te rends ton amour, Souviens-toi du jour, Optimistique-moi, Innamoramento + Making of : Les cinq jours de Pékin, tournage du clip L'Âme-Stram-Gram.

Le tout disponible également en DVD.

BIBLIOGRAPHIE

De façon étonnante par rapport à son succès considérable et durable, et à son rayonnement, mais de façon logique si l'on en juge par son peu d'empressement (euphémisme) et celui de son entourage à parler aux médias, voire à encourager les projets qui pourraient lui être consacrés, sur Mylène, peu de littérature dans les rayons des librairies.

Philippe SÉGUY : *Mylène Farmer Ainsi soit-elle* (Jean-Pierre Taillandier, 1991, épuisé). Un livre de fan qui flirte avec l'album illustré pour la promo, et frôle l'hagiographie. L'auteur semble avoir bénéficié, fait exceptionnel, de l'aide du tandem Farmer-Boutonnat : quelques bribes d'interviews de chacun, quelques photos et dessins qui proviennent sans doute des archives personnelles de la star.

Florence RAJON : *Mylène Farmer de A à Z* (les guides MusicBook, mars 2002, nouvelle édition augmentée en 2003). Un petit bouquin au format de poche, aussi précis que possible, fort utile en dépit de quelques erreurs. Mais l'exercice est difficile...

MAGAZINES

Mylène Farmer est la seule artiste à qui sont consacrés pas moins de deux (autrefois trois) magazines trimestriels, luxueux, sur papier glacé, et abondamment illustrés. Pour des raisons de *gentlewoman-agrément,* et de survie, puisque, tolérés par la star, leur matière tant rédactionnelle qu'iconographique est tout de même conditionnée à sa bonne volonté, ils se font plus que discrets : pas de numéro de téléphone (soi-disant pour ne pas être importunés par des fans dont la passion est pourtant leur fond de commerce !), difficile de les joindre, réticences pour parler à la presse.

Mylène Farmer Magazine, trimestriel, existe depuis six ans et demi. Édité par Wolf Productions, 5, rue de Palestro, 75002 Paris. Fax : 01 53 00 96 33. Internet : www.mfmag.net. Ce magazine est un peu la *Pravda* farmérienne. News, exégèses, biographie détaillée en feuilleton, dialogues de fans, petites annonces et relais du merchandising de la star. Vendu essentiellement sur abonnement, le rédacteur en chef insiste sur la vocation à but non lucratif (?) de la publication, et refuse de communiquer tout autre renseignement, notamment son tirage.

Instant Mag, trimestriel également, qui en est à son numéro 12, se veut, lui, *« luxueux et décapant »*. Édité par Tear Prod, 69, rue Ampère, 75017 Paris (pas de téléphone), sa seule adresse est une boîte postale : BP 150, 93501 Pantin Cedex. Internet : instant-mag.com. Écrit sur un ton plus détendu, il est vrai, le magazine est surtout riche en photos, et se fait abondamment le relais des fans : dialogues, petites annonces... Dans *Télé-Loisirs* (n° 883 du 1er au 7 février), il est dit que le journal a été créé *« avec l'accord du manager de la chanteuse »*, et qu'il *« est aujourd'hui diffusé à 50 000 exemplaires »*.

SUR INTERNET

Une sélection des principaux sites en activité, dédiés à votre Mylène favorite. Tous, plutôt bien fournis, proposent biographie, discographie, photos, paroles des chansons, dialogues entre les fans, et parfois des petites annonces. Aucun n'est officiel, au sens strict. Mylène n'en reconnaît aucun en particulier, et, contrairement à de nombreux artistes, n'intervient jamais sur la Toile pour répondre à ses fans ni dialoguer avec eux.

www.ame-stram-gram.com pour son forum de discussion et ses infos sur Alizée.

www.mfwebsite.fr.st très détaillé, avec des mp3 gratuits à télécharger, des sonneries de portables.

www.elegies.net pour ses actus, sa bourse des collectors, ses infos sur *Giorgino*.

www.myalizee.com comme son nom l'indique, un site par les fans pour les fans.

ww.mylene-art.fr.st un site très graphique, riche en photos et wallpapers.

www.farmermylene.com un site essentiellement consacré aux collectors.

opti-mystic.com classique et bien fait, une exploration de l'univers farmérien.

myleneland.multimania.com/ un site riche de plus de 500 photos.

Et aussi :

myleniumpage.free.fr/index.html, optimistique.com, mfarmer.free.fr/, membres.lycos.fr/axel 63 (le site personnel du fan Axel, très documenté)...

REMERCIEMENTS

Au terme de l'aventure que représente l'écriture de ce livre, je souhaite remercier tout particulièrement mes éditeurs, Constance de Bartillat et Charles Ficat, qui en ont eu l'idée, pour leur amical soutien et leur efficacité.

Un grand merci également à l'ami Benjamin Locoge.

Merci aux fans, Guillaume et Arnaud, Charlotte, Émilie et Mathieu, Franck et tous ceux qui ont préféré garder l'anonymat, pour leurs témoignages.

Ma gratitude à celles et ceux qui m'ont aidé dans mon enquête : Pierre-Louis Rozynès, Catherine Bourgey, Anne Carrière, Katia Jouffre, Éric Préau...

Mylène Farmer

Précisons que ce livre a été écrit en toute indépendance, que je n'ai pas cherché à rencontrer Mylène Farmer ni son entourage. J'aurais bien aimé, en revanche, rencontrer les journalistes de *Mylène Farmer Magazine*, mais eux ne l'ont pas souhaité.

J.-C. P.

TABLE DES MATIÈRES

Composé et mis en pages par DV Arts Graphiques à Chartres,
cet ouvrage a été imprimé en France par la Société Nouvelle Firmin-Didot
en mars 2003 pour le compte des éditions Bartillat
Dépôt légal : avril 2003 – N° d'impression : 63387
ISBN 2.84100.306.X